中国企业投资欧美市场准入政策研究

马　骦　著

中国财经出版传媒集团

经济科学出版社

Economic Science Press

·北京·

图书在版编目（CIP）数据

中国企业投资欧美市场准入政策研究/马骦著. --
北京：经济科学出版社，2023.8
ISBN 978 - 7 - 5218 - 5067 - 3

Ⅰ.①中…　Ⅱ.①马…　Ⅲ.①对外投资 - 直接投资 -
投资政策 - 研究 - 中国②外商投资 - 直接投资 - 市场准入
- 投资政策 - 研究 - 欧洲③外商投资 - 直接投资 - 市场准
入 - 投资政策 - 研究 - 美洲　Ⅳ.①F832.6②F835.048
③F837.048

中国国家版本馆 CIP 数据核字（2023）第 162576 号

责任编辑：李晓杰
责任校对：孙　晨
责任印制：张佳裕

中国企业投资欧美市场准入政策研究
马　骦　著
经济科学出版社出版、发行　新华书店经销
社址：北京市海淀区阜成路甲 28 号　邮编：100142
教材分社电话：010 - 88191645　发行部电话：010 - 88191522
网址：www. esp. com. cn
电子邮箱：lxj8623160@ 163. com
天猫网店：经济科学出版社旗舰店
网址：http：//jjkxcbs. tmall. com
北京密兴印刷有限公司印装
710 × 1000　16 开　12 印张　180000 字
2023 年 8 月第 1 版　2023 年 8 月第 1 次印刷
ISBN 978 - 7 - 5218 - 5067 - 3　定价：49.00 元
（图书出现印装问题，本社负责调换。电话：010 - 88191545）
（版权所有　侵权必究　打击盗版　举报热线：010 - 88191661
QQ：2242791300　营销中心电话：010 - 88191537
电子邮箱：dbts@esp. com. cn）

前　　言

20世纪70年代，跨国公司迎来高速发展的黄金时期，逐渐成为国际政治经济舞台上一支不容忽视的力量。21世纪初，为全面提高对外开放水平、融入全球经济体系，中国将"走出去"提升至国家战略高度，此后，随着中国加入世界贸易组织，越来越多的中国企业开始参与到国际经济交流与合作之中。2013年以来，在"一带一路"倡议的指导下，中国企业更加积极地布局国内和国际两个市场，在世界经济舞台上扮演着日益重要的角色，同时也为中国拓展国际合作、参与全球经济治理、构建人类命运共同体提供了更多平台和契机。然而，国际社会中的机遇却总是与风险相伴相生，中国企业受非市场性风险影响而利益受损的案件时有发生，致使中国海外利益的敏感性与脆弱性也在日益凸显。

特别是近年来，随着中国国家实力不断提升，欧美国家开始改革外资监管制度，扩大出口管制权限，出台反补贴和反垄断条例，并推出约束中国对外经济行为的政策，在实践中多次直接干预中国对外投资活动，导致中国企业赴欧美投资的营商环境恶化、准入壁垒显著提升。

在中国同欧美国家经贸交往的干扰因素显著增多的背景下，尽管中国始终坚持以对话协商为原则解决中美、中欧分歧，但美国仍在继续推行投资保护主义和经济霸权主义。在此情势下，为审慎管控中西方分歧，保护中国海外利益，有必要准确把握欧美国家对华经济政策的基本价值取向与核心关切，企业也应适当调整国际拓展方式，增强应对海外投资风险的独立性与自主性，以更加积极合规的姿态走向国际市场，展现全球经济治理的"中国方案"。

马　骥

2022 年 10 月

目
录

contents

>   >   >   >   >   >

第一章

导　论

第一节　研究问题及意义

一、写作缘由与研究问题

近年来，中国在拓展国际合作等方面取得了令人瞩目的成就，其全球经济影响力不断提升，中国企业也开始向国际生产分工体系的高端位置跃升。然而，中国企业在能源、基础设施、高科技等领域的对外投资行为，时常会在欧美国家遭遇外资安全审查或其他形式的政策壁垒。受上述风险影响，中国企业被迫中断跨国投资和业务拓展活动导致利益受损的事件频频发生，已成为中国企业对欧美投资不得不应对的主要市场壁垒之一（见表1-1）。

表1-1　　　中国企业投资欧美国家遇阻的主要事例

时间	中资跨国企业	东道国	遇阻项目
2003 年	和记黄埔有限公司	美国	收购环球全域电讯公司部分股权
2004 年	中国五矿集团有限公司	加拿大	收购诺兰达矿业公司部分股权

续表

时间	中资跨国企业	东道国	遇阻项目
2005 年	中国海洋石油集团有限公司	美国	收购优尼科公司部分股权
2005 年	华为技术有限公司	英国	收购马可尼公众公司部分股权
2008 年	华为技术有限公司	美国	收购 3Com 公司部分股权
2009 年	华为技术有限公司	美国	竞购北电网络公司以太网业务
2009 年	陕西西色国际投资有限公司	美国	收购优金矿业公司部分股权
2009 年	中国铝业集团有限公司	澳大利亚	增持力拓集团部分股权
2009 年	中国有色矿业集团有限公司	澳大利亚	收购莱纳斯公司部分股权
2010 年	鞍山钢铁集团有限公司	美国	与美国钢铁发展公司联合投资建厂
2010 年	唐山曹妃甸投资有限公司	美国	收购 Emcore 公司部分通信光纤业务
2010 年	华为技术有限公司	美国	竞购摩托罗拉公司无线网络设备业务 收购 2Wire 公司部分股权
2010 年	华为技术有限公司 中兴通讯股份有限公司	美国	竞购斯普林特公司升级蜂窝网络业务
2010 年	中国中化集团有限公司	加拿大	收购加拿大钾肥公司部分股权
2011 年	华为技术有限公司	美国	收购三叶系统公司部分专利资产
2011 年	华为技术有限公司	英国	竞购伦敦地铁手机网络业务
2012 年	三一集团有限公司	美国	投资俄勒冈州风电项目
2012 年	中坤集团有限公司	冰岛	购买土地用于开发旅游项目
2015 年	烟台市台海集团有限公司	英国	收购谢菲尔德铸锻公司部分股权
2015 年	紫光集团有限公司	美国	收购美光科技公司部分股权
2016 年	紫光集团有限公司	美国	收购西部数据公司部分股权
2016 年	三安光电有限公司	美国	收购 GCS 公司部分股权
2016 年	华润集团有限公司	美国	收购仙童半导体公司部分股权
2016 年	国家电网有限公司 长江基建集团有限公司	澳大利亚	收购澳洲电网公司（Ausgrid）部分股权以及 99 年租赁权
2017 年	中国华信能源有限公司	美国	收购考恩集团部分股权
2017 年	腾讯控股有限公司 北京四维图新科技有限公司	美国	联合收购 HERE 数字地图部分股权

续表

时间	中资跨国企业	东道国	遇阻项目
2017 年	中国福建宏芯基金（FGC）	德国	收购爱思强半导体公司部分股权
2018 年	蚂蚁金融服务集团	美国	并购速汇金有限公司国际
2018 年	国家电网有限公司	德国	收购高压电网运营商 50Hertz 部分股权
2018 年	烟台台海集团有限公司	德国	收购莱菲尔德金属旋压机公司

资料来源：根据各企业年度报告、企业官方新闻以及人民日报、新华网等权威媒体发布的信息整理得出。

　　尽管中国企业的对外投资活动曾多次遭遇外国政府的行政干预，但表 1-1 中的绝大多数企业都已成功在包括欧美国家在内的多国市场扎根，并进入世界 500 强名录。[①] 回顾中国企业"走出去"的成就与挫折，令人困惑的是，同一企业面向欧美市场投资的相似项目，为何在一些国家会遭遇行政阻挠和准入壁垒而难以推进，在另一些国家却能够获得政府支持进而顺利实施？究竟是哪些因素导致欧美国家对中国企业投资行为出现了不同的政策反应？

　　为了解释上述现实困惑，本书将立足国际政治经济学的理论视角，从跨国公司层次出发探讨以下核心研究问题：欧美国家在应对中国企业的跨国投资行为时，为什么会对同一企业的相似项目表现出不同的政策反应？具体而言，为什么有的国家会对企业投资活动设置行政障碍，而有的国家则乐于接纳和支持企业在本国的投资？即使是同一国家，为什么有时会拒绝企业投资，有时又会倾向于与该企业合作？围绕这一核心问题，研究中需要考察的一系列问题是，跨国公司在海外投资经营时可能遇到哪些非市场性风险？中国企业在欧美国家面临的政策风险有哪些

――――――――――――

　　① 世界 500 强排行榜是评价全球大型公司最权威、最著名的榜单之一，有"终极榜单"之称。该排行榜由世界著名财经杂志《财富》（Fortune Magazine）每年发布一次，主要衡量依据是前一财务年度各公司的总营业收入，并设有入围门槛。同时，榜单还会公布上榜公司的年度净利润、市值、净资产以及员工人数等信息。参见财富中文网：《2022 年〈财富〉世界 500 强排行榜》，2022 年 8 月 3 日，https：//www.fortunechina.com/fortune500/c/2022 - 08/03/content_415683.htm。

特点？为什么东道国会认为某些外商投资活动存在隐患？跨国公司是否可以通过企业行为管控风险，降低准入壁垒？

从当前中国海外利益保护研究关注的国别区域来看，重点关切对象主要集中在非洲和拉丁美洲，欧美国家则处于相对边缘化的地位。这是因为，非洲和拉丁美洲是中国企业"走出去"的重要目的地，并且已有投资项目相对集中于能源矿产、基础设施建设等资产密集型领域，一旦风险发生，极易使中国企业蒙受大额财产损失。① 同时，冷战后美国、英国、法国等西方大国对非洲、拉丁美洲等区域的经济利益争夺愈发激烈，并不断防范甚至干预中国在当地的商业利益拓展，为中国企业的海外生存发展增添了更多不确定性。② 相比之下，大多数欧美国家的营商环境稳定，通常被风险评级机构评定为低风险区域，在世界经济体系中保有较强的国际竞争力和投资吸引力。③ 这种现状下，学术界对中国企业在欧美国家遭遇政策干预和准入壁垒的困境关注有所不足。

从跨国公司层面来看，理性预期理论认为，企业在对外投资前会充分利用所得信息对投资对象国进行全面分析，从而形成不存在系统性偏差的理性预期，并参照理性预期结果决定是否与对象国建立经贸关系。根据这一理论，即使跨国公司在对外投资过程中遭遇了政策风险，只要风险属于理性预期范围之内，那么风险损失实际上已被企业纳入前期成本考量之中，不会产生不可控的恶劣影响，真正令企业陷入困境的往往是那些理性预期外出现的风险。④ 21 世纪以来，经济全球化的快速发展进一步改善了跨国公司的经营环境，传统上以战争政变、没收征用为代表的极端政策风险整体降低。这些风险高发于政局动荡、经济发展不平衡的发展中国家和地区，企业在投资前可通过国家投资指南、国际机

---

① 张明德. 投资拉美：风险与应对 [J]. 国际问题研究，2015 (6)：123.

② 杨娜. 中国和欧盟在非洲的竞争与合作："安全－发展关联"视角 [J]. 国际经济评论，2020 (6)：139－158.

③ 国家国际竞争力可参考世界经济论坛（WEF）每年发布的《全球竞争力报告》；风险评级可参考权威国际评级机构穆迪、标准普尔和惠誉对国家进行的"主权信用评级"结果。

④ James D. Morrow. How Could Trade Affect Conflict? [J]. Journal of Peace Research，1999，36 (4)：481－489.

构风险评级结果等多方渠道了解并制定相应的防范措施。与之相比，国家歧视性审查、政策变动等以非暴力形式出现的非市场性风险逐渐成为主流。除发展中国家和地区外，这些风险在欧美国家同样广泛存在，并且极易与国际关系、国内政治、社会价值观等多层次因素交织在一起，相对更为复杂和难以预测。① 这样看来，多发于非洲、拉丁美洲等欠发达地区的极端风险通常属于企业理性预期之内，尽管这些风险很难通过单纯的企业行为得到规避和管控，但大多已被跨国公司计入成本测算之中。相比之下，尽管欧美国家相对健全稳定的政治和市场环境为跨国公司提供了良好的经营条件，却也因此使许多企业忽视了当地较为隐蔽和复杂的政策风险。相关风险一旦爆发，反而会产生更多预期外的利益损失。因此，无论是政府、企业还是学界都应当给予欧美国家非市场性风险更多的关注。

二、基本概念

跨国公司（multinational corporation）自 20 世纪 70 年代开始成为国际关系研究的重要对象。此时的跨国公司已成长为国际舞台上的独立行为体，部分大型公司（如通用汽车公司、国际商业机器公司）不仅年度营业额超过了当时大多数中等国家的国民生产总值（GNP），同时还不断影响着主权国家的政治生活和国民经济。② 这一现实使国际关系学者无法再忽视国际政治与经济之间的互动关系，国际政治经济学也随之兴起。1975 年，罗伯特·吉尔平（Robert Gilpin, 2001）在《跨国公司与美国霸权》一书中，呼吁建立跨国公司研究的政治经济学路径，此书也因此成为分析跨国公司与国际政治经济的开创性现实主义著作。③ 而

---

① 钞鹏. 对外投资的政治风险研究综述 [J]. 经济问题探索, 2012 (11): 167 - 168.

② Raymond Vernon. Sovereignty at Bay: The Multinational Spread of U. S. Enterprises [M]. New York: Basic Books, 1971: 192 - 205.

③ R. J. Barry Jones, Peter M. Jones and Ken Dark. Introduction to International Relations: Problems and Perspectives [M]. New York: Manchester University Press, 2001: 138.

在此之前，学术界对跨国公司的认识是相对割裂的，政治学者和经济学者在研究跨国公司时，仿佛在探讨两个截然不同的行为体及其活动。① 吉尔平将跨国公司定义为那些所有权②、管理、生产以及市场营销跨越多个国家的商业公司。具体而言，跨国公司应具有以下三点特征：其一，具有特定国籍；其二，在母国之外从事直接投资活动，即在海外设有分支机构、子公司，或并购某家他国企业；其三，跨国公司应具有一家母公司，并在几个国家拥有一系列部分或全部所有权被母公司控制的分支机构或子公司。③

除了一般意义上的定义之外，还应特别重视跨国公司在母国和国际舞台上所扮演的政治角色。首先，随着全球经济一体化不断深化，一国跨国公司在世界市场中的总体实力地位，将极大地影响到母国的综合国力和国际地位，导致各国在世界市场中的竞争愈发激烈。④ 这一点在第二次世界大战后美国建立全球霸权的过程中体现得十分明显，正是美国跨国公司在世界市场中占据的压倒性份额，与美元的国际地位以及核优势一同构成了美国霸权的支柱。⑤ 其次，如何促进经济增长、国民就业、社会福利几乎是每个国家政府都需要考虑的问题，国家对于经济的重视与追求赋予了跨国公司一定政治性影响。这体现为跨国公司既可以通过全球范围内的投资、生产、销售等环节优化资源配置以提高世界经济效率和国内福利，也可以将巨额资产从某个国家撤离，从而将其推入失业、财政赤字、国际收支失衡等一系列困境之中。⑥ 最后，尽管跨国公司早已被公认为国际社会中的独立行为体，甚至在部分自由主义者看

---

① Susan Strange. Sterling and British Policy [M]. Oxford: Oxford University Press, 1971: 2 – 3.

② 吉尔平也指出，跨国公司的所有权或控制权归属于多国的情况是极少的。

③ 罗伯特·吉尔平. 跨国公司与美国霸权 [M]. 钟飞腾，译. 北京：东方出版社，2011: 5 – 7.

④ 苏珊·斯特兰奇. 权力流散：世界经济中的国家与非国家权威 [M]. 肖宏宇，耿协峰，译. 北京：北京大学出版社，2005: 39.

⑤ 罗伯特·吉尔平. 跨国公司与美国霸权 [M]. 钟飞腾，译. 北京：东方出版社，2011: 112.

⑥ 余万里. 跨国公司的国际政治经济学 [J]. 国际经济评论，2003 (2): 50.

来，跨国公司的成长过程几乎与母国政府和世界政治无关。① 然而，从现实来看，跨国公司与母国之间始终存在着重叠和互补的利益关系。一方面，跨国公司在海外遭遇极端暴力型风险时，需要求助于母国政府以获取外交和领事保护。另一方面，跨国公司在拓展自身利益的同时也自然而然地成为了母国海外利益的承载者，难以脱离母国经济结构、投资政策和国际地位的影响。② 也正是由于跨国公司与母国之间具有无法分割的天然联系，一些企业特别是国有企业常在对外投资过程中遭遇外资安全审查、反补贴审查等政策干预。

海外利益（overseas interests）是伴随着全球化发展而出现的概念。回顾历史上各大国崛起的历程，可以发现维护并拓展海外利益是西方国家一致的战略选择——英国建立殖民帝国、美国谋求世界霸主地位、日本在第二次世界大战后经济腾飞均离不开它们对海外利益的孜孜追求。③ 从既有学术文献以及政府资料来看，在海外利益的范围上，国内外学者普遍认同海外利益是国家利益突破国土界限形成的，但又不是国家利益在境外的简单延伸，还应包括跨国公司、社会组织等非国家行为体所持有的局部利益。④ 然而，具体到海外利益的内容，各国对海外利益的界定则呈现出一种类似"马斯洛需求层次"的层级关系：实力有限的中小国家主要关注海外机构和公民的基本安全问题；在此基础上，中等强国往往更积极地推动对外贸易，更广泛地参与国际事务；美国这样的世界性大国还会竭力塑造有利于本国发展的国际制度，追求国际社会的领导权。这种差异之所以会出现，很大程度上是由于各国国家实力

① Raymond Vernon. Sovereignty at Bay: The Multinational Spread of U. S. Enterprises [M]. New York: Basic Books, 1971: 213 – 217.

② 罗伯特·吉尔平. 全球资本主义的挑战：21 世纪的世界经济 [M]. 杨宇光，杨炯，译. 上海：上海人民出版社，2001：162.

③ H. W. Brands. The Idea of the National Interest [J]. Diploma History, 1999, 23 (2): 239 – 261; Joseph A. Fry. From Open Door to World Systems: Economic Interpretations of Late Nineteenth Century American Foreign Relations [J]. Pacific Historical Review, 1996, 65 (2): 277 – 303.

④ 陈伟恕. 中国海外利益研究的总体视野——一种以时间为主的研究纲要 [J]. 国际观察，2009 (2)：8 – 13.

和国际地位不同，从而对本国国家利益和身份定位形成了不同认知。①
对中国而言，学术意义上的"海外利益"通常具有"新型国家利益建
构"或"境外公民安全保护"两个层面上的含义。其中，新型国家利
益建构关注的问题集中在体系层面，强调国家在国际社会中的角色和地
位变化而带来的利益观念和结构变化；境外公民安全保护的视角则带有
明显的物质主义特征，更关注境外企业、组织机构和公民等实体的物质
性利益，目的在于保护其生命和财产免受毁损灭失。②

非市场性风险是一个相对模糊并有争议性的概念，在经济学、政治
学和社会学等多个学科中均存在相关研究。总体来看，杰弗里·西蒙
（Jeffrey Simon，1982）对非市场性风险的定义应用得较为广泛。他提出
"非市场性风险是存在于东道国政府或社会行为、政策中的不确定性，
可能来自东道国内部，也可能由东道国外部因素引发。这种不确定性一
旦发生，将会引起经济领域的变化，从而对大部分或某些特定的外国企业
造成负面影响。"③ 除此之外，斯特芬·罗伯克（Stefan Robock，1971）
认为跨国公司的海外投资和经营环境有时会出现某些政治变化，并引起
难以预料的不连续性。如果这些政治变化可能对企业利润及其他目标产
生重大影响，就构成了非市场性风险。④ 罗伯特·伦辛科（Robert Len-
sink，2000）将非市场性风险视为政治力量带来的经济生活变化，这种
变化将对跨国公司的日常经营及预期收益产生负面影响，反映了东道国
社会中政治实体和经济实体关系的不确定性。⑤ 还有一些国际组织在考
察非市场性风险时对其进行了简单定义，如世界银行多边投资担保机构
（MIGA）在调研报告中提到非市场性风险是由于跨国公司母国或东道国

---

① 汪段泳. 海外利益实现与保护的国家差异［J］. 国际观察，2009（2）：30.

② 刘莲莲. 国家海外利益保护机制论析［J］. 世界经济与政治，2017（10）：127 - 129.

③ Jeffrey D. Simon. Political Risk Assessment：Past Trends and Future Prospects［J］. Columbia Journal of World Business，1982，17（3）：62 - 71.

④ Stefan H. Robock. Political Risk：Identification and Assessment［J］. Columbia Journal of World Business，1971，6（4）：6 - 20.

⑤ Robert Lensink，Niels Hermes and Victor Murinde. Capital Flight and Political Risk［J］. Journal of International Money and Finance，2000，19（1）：73 - 92.

的政治事件以及国际环境变动，导致企业经营中断或利益损失的情况。① 本书的后续研究将主要参考借鉴西蒙对非市场性风险的概念界定。

对外直接投资（outward foreign direct investment）在中华人民共和国商务部 2014 年出台的《境外投资管理办法》第一章第二条中被定义为"中华人民共和国境内依法设立的企业通过新设、并购及其他方式在境外拥有企业或取得既有企业所有权、控制权、经营管理权及其他权益的行为"②。从投资方式来看，企业收购外国公司的全部或部分资产、在境外合并现有公司结合形成新的法人实体、开办海外合资企业以及开设子公司是对外直接投资的主要方式。简单来说，包括合并和收购两种行为在内的跨国并购，以及跨国公司在海外开设合资或全资公司的"绿地投资"是企业对外直接投资的两种基本途径。其中，跨国并购已超越"绿地投资"成为当前国际社会对外国直接投资的主要形式。除了对外直接投资之外，本书还关注中国企业在海外市场销售商品和服务、与外国企业开展业务合作往来等一切能够为企业带来海外收入的国际化活动。

三、研究意义

本书是一项解释性研究，旨在解释中国企业投资欧美市场时遭遇准入壁垒程度不同的原因。这一研究既反映了全球化时代中国企业在海外经营中面临的现实困境，也有助于调节国际关系现有理论对跨国公司国际政治经济角色的认识偏差，并改善中国海外利益保护研究对欧美国家非市场性风险关注不足的现状。

首先，本书对于加深学术界对跨国公司和非市场性风险的认识、丰富海外利益保护理论体系、理解国家对外经济政策具有理论上的启示和意义。第一，尽管跨国公司早已成为国际舞台上的独立行为体，但它在

---

① 都伟，李仁真. 国家主权境外投资政治风险与中国应对［J］. 河南社会科学，2017（11）：39.

② 中华人民共和国商务部：《境外投资管理办法》，2014 年 9 月 6 日，http：//www. mofcom. gov. cn/article/b/c/201409/20140900723361. shtml。

国际关系研究中却始终没有真正"独立"起来。这体现在,现有关于跨国公司的绝大多数研究都是与国家联系在一起进行的,并且关注点集中在跨国公司的经营状况为国家和国际社会带来的影响。具体包括跨国公司与国民经济效率和社会福利的关系,跨国公司与国家控制本国经济的潜在冲突,以及跨国公司干预国家内部政治过程等问题。[①] 在更微观的层面同样如此,跨国公司与非市场性风险的研究也没有完全脱离重商主义政治决定经济的思维框架,大多围绕着国际环境、东道国政府行为、社会环境对跨国公司的单向影响以及跨国公司被动应对风险的思路展开。然而,国际政治的现实应是由政治与经济的双向互动构成的,跨国公司除了发挥政治作用外,还具有更原始的企业身份和经济角色。那么,跨国公司本身是如何感知和体验非市场性风险的?跨国公司的企业特质和行为活动又对风险产生了怎样的影响?本书将对这些问题进行探究,希望能够弥补现有理论的不足。

第二,从海外利益保护相关研究来看,跨国公司首先是海外市场性主体,需要依照东道国法律法规和市场规律行事。同时,跨国公司还是母国海外利益和国家形象的重要承载者,这一身份要求它在追求企业经济利益的同时,还需兼顾社会伦理规范,这是跨国公司经济角色和政治功能复合属性的体现。这意味着在大多数情况下,跨国公司应当以企业行为维护自身作为市场主体的合法权益,在一些特殊事件中才需要母国根据国际法保护境外企业和公民。[②] 然而,现有研究中提到的国家保护海外利益的方式包括缔结双边投资保护协定、外交保护、领事协助、军事保护等多种渠道,[③] 并伴有丰富的理论依据和案例分析。与之相比,跨国公司抵御非市场性风险的研究却十分薄弱。事实上,作为国际社会

---

① Joan E. Spero. The Politics of International Economic Relations [M]. New York: St. Martin's Press, 1981: 109 –119.

② Annemarieke Vermeer – Künzli. As If: The Legal Fiction in Diplomatic Protection [J]. European Journal of International Law, 2007, 18 (1): 37 –68.

③ 潘锐,娄亚萍. 中美双边投资保护协定谈判的演进与进展 [J]. 国际观察,2010 (1): 60 –65.

中的能动性主体，跨国公司既拥有识别和抵御风险的能力，也可能因自身行为触发风险。① 本书对跨国公司能动性和市场性身份的关注将有助于拓展海外利益保护的研究视角。

第三，本书所探讨的经验现象是国家对外国公司投资行为设置准入壁垒的政策行为和战略选择，属于国际政治经济学范畴中的国家对外经济政策研究议题。冷战结束后，肯尼思·沃尔兹（Kenneth Waltz, 2001）建构的结构现实主义曾一度陷入理论困境，难以解释为何在国际结构的约束或刺激相同的情况下，国家的行为反应却不相同。之后现实主义逐渐向外交政策领域发展，致力于打开国内政治的"黑箱"。② 其中，新古典现实主义是这一努力的重要理论成果，它将国际体系和国内政治两个层次的因素结合起来以解释国家对外政策和行为，并催生了大量以具体问题为导向的经验研究成果。新古典现实主义引入了国家利益偏好、国内集团力量对比、国家凝聚力、政府动员能力、领导人对力量对比的认知、领导人对国家自主性的认知以及领导人对风险和收益的认知等多个国内政治变量。③ 除关注国内政治力量外，新古典现实主义也关注到了社会力量，分析利益集团、非政府组织等次国家行为体对国家战略和行为的影响，这与 20 世纪 90 年代国际政治经济学兴起的以社会为中心的研究路径不谋而合。④ 然而，无论是新古典现实主义还是国际政治经济学的社会范式，都更为关注行业协会、劳工组织等国家内生性社会集团，相对忽视跨国公司影响东道国政治生活的能力。因此，本书在构建理论框架时，将聚焦跨国公司这一与东道国直接交易互动的主体本身，并引入来自跨国公司层次的"议价能力"变量，以此来丰富国家对外经济政策研究中的社会力量。

---

① 马骥. 企业社会责任与跨国公司政治风险管控 [J]. 外交评论，2019 (4)：71 - 98.

② Bernard I. Finel. Black Box or Pandora's Box：State Level Variables and Progressivity in Realist Research Programs [J]. Security Studies, 2001, 11 (2)：212 - 218.

③ 陈志瑞，刘丰. 国际体系、国内政治与外交政策理论——新古典现实主义的理论建构与经验拓展 [J]. 世界经济与政治，2014 (3)：124.

④ 李巍. 从体系层次到单元层次——国内政治与新古典现实主义 [J]. 外交评论，2009 (5)：143 - 144.

其次，本书对于中国企业投资欧美的海外利益保护问题具有一定的政策启示意义。第一，截至 2020 年末，中国在发达经济体的直接投资存量达 2539 亿美元，占中国对外直接投资总存量的 9.8%。同期，在中国对外直接投资存量前 20 位的国家（地区）中，欧美国家约占据一半的席位，足见欧美国家是中国企业"走出去"的重要目的地。① 然而，从学术界对于中国海外利益保护的研究现状来看，欧美国家尚处于相对边缘的位置，并且已有研究大多是基于西方国际政治经济理论体系展开的。西方理论体系往往是学者从本国跨国公司的角度出发建立起来的，大型成熟跨国企业在发展中国家的实践是其重要理论来源和现实依据。对于中国企业来说，这种理论经验的流向性和局限性均十分突出，无法满足成长发展中的中国企业"走出去"尤其是走向欧美国家的需要。因此，本书以欧美市场为研究区域，特别关注发展中国家向发达经济体这一投资流向，将有助于中国企业对欧美国家存在的非市场性风险做出更加准确的判断。

第二，欧美国家对中国企业的市场行为设置准入壁垒的行为并不是一项新的非市场性风险。早在 21 世纪初，就出现过多次由这一风险导致的中国对外投资受挫的案例。然而，现有研究大多致力于从国家层面出发，探讨海外利益保护原则、顶层机制设计和国家形象塑造等议题，提出了外交保护、领事协助、军事保护等帮助企业度过危机的政策手段。上述路径既相对弱化了企业感知风险的灵敏性及其管理、控制和规避海外政策风险的能力，也不利于为中国企业今后在欧美国家的生存和发展提供可操作性强的经验建议。因此，本书致力于突破国际关系学界认为企业无力通过自身行为应对非市场性风险的固有印象，探寻跨国公司在预防和管控风险过程中的能动性。

第三，截至 2020 年末，中国对外直接投资存量已位列全球前列。同时，流向信息技术、科学研究、金融服务以及文化等新兴领域的投资

---

① 中华人民共和国商务部，国家统计局，国家外汇管理局. 2020 年度中国对外直接投资统计公报［M］. 北京：中国统计出版社，2021：23 – 25.

快速增长。然而，由于近年来美国、澳大利亚、英国、法国、德国等主要欧美国家对外商投资的监管和限制愈发严格，使中国企业在上述地区的经济活动面临着诸多阻力。本书所选中国对外投资案例属于基础设施和制造业，这两类行业因大多涉及战略资产或高新技术，十分容易成为欧美国家审查和设阻的对象，但又是中国产业升级过程中"走出去"数量大幅增长的企业。因此，选择中国代表性跨国企业的国际化经历进行案例研究，将有助于为更多成长中的企业提供经验和教训，更好地保护中国海外利益。

第二节 既有研究评述

自国际政治经济学诞生之日起，关于跨国公司国家对外经济政策的相关研究始终占据着重要位置。鉴于既有学术成果纷繁庞杂，为了更好地在文献回顾的基础上确定后续研究的理论基点与逻辑框架，研究评述将紧密围绕着核心问题和研究对象展开。根据核心研究问题可知，研究目的在于解释中国企业投资欧美市场时所遇准入壁垒程度不同的原因，属于国家对外经济政策的研究范畴。研究过程中涉及的主要行为体是国家和跨国公司，研究的现象是东道国政府利用行政手段对跨国公司设置准入壁垒这类非市场性风险。在此，有必要从国家对外经济政策的研究路径、主流理论对跨国公司政治经济角色的界定、海外市场中的非市场性风险以及欧美国家对中国企业设置准入壁垒的理论解释四方面进行文献梳理和评述。

一、国家对外经济政策的研究路径

国际政治经济学自从 20 世纪 70 年代兴起以来，始终围绕着两个相互关联又各自独立的领域展开研究，一个领域是国际体系，另一个领域是国内政治与国际政治经济之间的相互作用。① 其中，国内政治与国际政治经济相互作用的相关研究主要体现在对国家对外经济政策的分析上，并形成了以体系为中心、以国家为中心、以社会为中心以及以行业间要素流动为中心的四条研究路径。② 以体系为中心和以国家为中心的研究路径在分析国家对外经济政策时，都将国家视为单一行为体。在冷战结束后，学者们引入了国内政治和社会层面上的变量，从而开辟了后两条研究路径。

20 世纪七八十年代，受沃尔兹结构现实主义的影响，无论是国际政治经济学的现实主义者、自由主义者还是马克思主义者，都非常强调国际体系或世界体系的重要性，并在此基础上形成了以体系为中心的研究路径。这一路径的基本假设是：（1）世界经济体系是结构性的，中心和边缘地带具有明显界限，一些国家位于世界经济的核心区域，另一些则处于边缘区域。在不同的历史时期，具体国家的位置归属会发生变化，但中心和边缘的结构是不会改变的；（2）国家是单一行为体，在世界经济体系中存在着贫富差别。现实主义、自由主义、马克思主义分别认为国家战略、比较优势、不等价交换是不同国家之间产生贫富差距的原因；（3）国家采取何种对外经济政策，是由该国在世界经济体系结构中的地位决定的。处于核心区域的国家倾向于倡导自由贸易，反之，边缘地带的国家则偏好采取贸易保护政策。③

一直以来，以国家为中心的研究路径基本占据着国际政治经济学的主导地位，罗伯特·吉尔平、斯蒂芬·克拉斯纳、彼得·卡赞斯坦、西达·斯考切波等皆是国家主义理论的倡导者。同时，他们又对"国家"的认识存在着分歧，这种分歧最终决定了学者们在研究国家对外经济政

① 彼得·卡赞斯坦，罗伯特·基欧汉，斯蒂芬·克拉斯纳. 世界政治理论的探索与争鸣 [M]. 秦亚青，苏长和，门洪华，魏玲，译. 上海：上海人民出版社，2006：5.

② 王正毅. 构建一个国际政治经济学的知识框架——基于四种"关联性"的分析 [J]. 世界经济与政治，2009（2）：6－12.

③ G. John Ikenberry, David A. Lake and Michael Mastanduno. Introduction: Approaches to Explaining American Foreign Economic Policy [J]. International Organization, 1988, 42 (1): 1－14.

策时形成了不同观点。第一种观点认为国家是一种组织结构或制度安排，并且这种组织结构或制度安排一旦形成，就会产生惯性，并持续性地影响一个国家的对外经济政策，很难因个别事件或个体而改变。① 第二种观点认为国家是一个具有能动性的独立行为体，既不完全服从于体系安排，也不是国内社会集团的利益角斗场。② 他们强调在国家对外经济决策的过程中，政府及其工作人员具有相当大的自主性，能够依照国家整体利益的理性计算结果做出决策。③ 第三种观点将国家视为一种由政治制度和行政官员组成的国内政治结构，认为即使同为民主国家，不同国家的国内政治结构也是不同的，并指出这是由各国的社会基础以及国家与社会关系的差异造成的。最终，不同的国内政治结构，决定了国家在对外经济决策中扮演的角色是"强"还是"弱"，进而产生了不同的对外经济政策结果。④

如果说国家中心路径关注的重点在于政治结构对国家对外经济政策的影响，那么以社会为中心的路径考察的则是国内社会中不同利益群体是如何通过竞争或联盟来影响国家政策的。这一路径的主要观点是，国家利益实际上是国内政治集团和社会群体利益的反映，在国家对外经济政策制定的过程中，起决定性作用的是社会而不是政府或政治制度，最终形成的政策反映的是社会中各个政治集团和利益群体博弈的结果。⑤

20 世纪 90 年代末，学者们进一步提出，无论是以国家为中心还是以社会为中心考察国家对外经济政策，都假定政治或社会集团的利益是稳定的，因此无法解释为什么对外政策制定过程中，有时会出现阶级联

---

① 参见 G. John Ikenberry，David A. Lake，and Michael Mastanduno （eds.）. The State and American Foreign Economic Policy ［C］. Ithaca：Cornell University Press，1988.

② 西达·斯考切波. 国家与社会革命：对法国、俄国和中国的比较分析 ［M］. 何俊志，王学东，译. 上海：上海人民出版社，2007：30.

③ Stephen D. Krasner. Defending the National Interest：Raw Materials Investments and U. S. Foreign Policy ［M］. New Jersey：Princeton University Press，1978：10.

④ Peter J. Katzenstein. International Relations and Domestic Structures：Foreign Economic Policies of Advanced Industrial States ［J］. International Organization，1976，29 （4）：1 - 45.

⑤ 李巍. 体系·社会·国家——美国对外经济政策的三种研究路径 ［J］. 国际观察，2008 （1）：74 - 76.

盟，有时又会出现行业联盟。从这一困惑出发，有学者试图通过研究土地、劳动力和资本三大生产要素在行业间的流动，来解释同一国家在不同时期以及同一时期的不同国家对外经济政策的差异性，从而构建了以行业间生产要素流动为中心的研究路径。① 这种视角认为：第一，在对外经济政策制定过程中处于核心地位的是政治联盟。具体而言，贸易会导致社会分化成两类不同的政治联盟，一类是以行业为单位形成的特殊利益集团，另一类是以阶级为基础、代表着更广泛利益的阶级联盟。国家对外经济政策既可能是行业联盟内部竞争的结果，也可能是阶级联盟之间冲突的结果。② 第二，政治联盟在不同国家或不同历史时期的利益诉求存在着很大差异，行业联盟和阶级联盟并不是固定的，二者有时可以转换。第三，政治联盟的类型主要取决于行业间要素的流动程度这一经济特征，行业间要素流动程度高的时候，更容易出现阶级联盟，行业间要素流动程度低的时候，行业联盟往往会占据主导位置。③

二、跨国公司的国际经济角色

国际政治经济学研究者在寻求解释国际政治和经济互动关联的过程中，由对国家与市场关系的不同看法形成了三大理论范式，即现实主义（国家主义、重商主义）、自由主义（相互依赖理论、新自由制度主义）以及马克思主义（依附论、世界体系理论）。④ 其中，自由主义者对跨国公司与国家的互动关系及其国际经济角色的理解进行了较为深入的研究。

国际政治经济学的自由主义范式继承了亚当·斯密（Adam Smith）

① 王正毅. 全球化与国际政治经济学：超越"范式"之争 [J]. 世界经济与政治，2010 (10)：8 – 9.

② Peter Gourevitch. Politics in Hard Times：Comparative Responses to International Economic Crises [M]. Ithaca and London：Cornell University Press，1986.

③ 迈克尔·希斯考克斯. 国际贸易与政治冲突：贸易、联盟与要素流动程度 [M]. 于扬杰，译. 北京：中国人民大学出版社，2005：279.

④ 樊勇明. 西方国际政治经济学 [M]. 上海：上海人民出版社，2006：287.

的古典经济学思想，认为国家利益和普世经济利益之间存在着根本上的和谐，即只要国际经济关系安排得当，那么每个国家都可以获益并无需受损。尽管国家之间可能会出现利益分配不均，但国际经济关系仍可以是一种正和博弈关系。① 特别在这样一个相互依存的国际社会中，单一国家经济早已融入世界经济之中，国家经济活动的目标应是使全球福利最大化。为了达到这一目标，需要最大限度地提高世界经济效率，因此一些自由主义者号召国家应让位于市场。在他们看来，跨国公司已经成为世界经济舞台上的主要行为体。② 自由主义者普遍认同跨国公司是具有独立经济利益和目标，并按照自利和理性原则行事的经济实体，而不是国家的附庸。

代表性观点包括：产品生命周期理论的开创者雷蒙德·弗农（Raymond Vernon）认为，跨国公司在国际经济体系中发挥着主要作用，国家一旦脱离由跨国公司主导的世界经济网络，将会在经济效率、社会福利等方面付出极为高昂的代价。③ 苏珊·斯特兰奇（Susan Strange，1982）④ 指出，世界经济中的政治要素是安全、生产、金融、知识四大结构性权力，经济和社会议题的重要性并不逊于安全议题。跨国公司掌握着生产结构中的技术、资本和销售网络三个关键因素，并借此进入国家社会和经济网络。此时，世界经济权力已经发生了从主权国家向世界市场的实质性转移，并间接转移到了世界市场上最大的经营者跨国公司

---

① Charles P. Kindleberger. Power and Money：The Economics of International Politics and the Politics of International Economics［M］. New York：Basic Books，1970：227.

② 詹姆斯·多尔蒂，小罗伯特·普法尔茨格拉夫. 争论中的国际关系理论［M］. 阎学通，陈寒溪，译. 北京：世界知识出版社，2003：508.

③ 王正毅. 超越"吉尔平式"的国际政治经济学——1990 年代以来 IPE 及其在中国的发展［J］. 国际政治研究，2006（2）：24 - 25.

④ 苏珊·斯特兰奇建立的是一种折衷性的国际政治经济分析框架，这使她成为一位难以准确界定"政治坐标"的学者。她认为自己的思想比自由主义"右"，比现实主义"左"，也有其他学者认为她的思想处于自由主义的"左边"和马克思主义的"右边"。参见 Susan Strange. Cave！Hic Dragons：A Critique of Regime Analysis［J］. International Organization，1982，36（2）：479 - 496；李滨. 解读斯特兰奇的国际政治经济学思想［J］. 国际政治研究，2010（3）：169.

身上。① 罗伯特·基欧汉和约瑟夫·奈（Robert Keohane & Joseph Nye, 2001）认为，国际社会存在着包括跨国公司在内的多渠道联系，在世界政治经济一体化和国家间相互依赖普遍存在的情况下，跨国公司的发展壮大是促成国际机制和国际合作的重要原因。②

在强调跨国公司对于世界经济发展的重要作用的同时，也有自由主义者认识到跨国公司追求经济利益最大化可能带来一些弊端，提出了为了控制跨国公司的过度增长、管理和规范跨国公司行为，国家应承担起制定与管理国际机制的任务，并建立一个自由交换、公平竞争的世界市场。③

三、跨国公司对外投资中的非市场性风险

在跨国公司对外投资的过程中，其面临的投资经营环境有时会出现某些冲击原有经济和市场要素的政治力量。这些力量往往会引起政策不连续性和不确定性，从而对企业利润及其他商业目标产生重大影响。不同于市场风险的可评估性和可预测性，由非市场性因素诱发的风险通常具有不易预测、难以管控，兼具突发性和破坏性的特点。与国际关系三大理论流派对跨国公司的认知分化不同，研究非市场性风险的学者大多认同该风险是在国际社会中市场力量与国家力量的碰撞中产生的，但无意争论世界经济的领导者究竟是国家还是跨国公司。因此，非市场性风险研究的特点是根据世界经济和政治的现状，不断对既有理论进行修正与补充，而不是依靠范式辩论和交锋推动理论发展。具体而言，非市场性风险的研究主要围绕概念、类型、发生原因、评估与管理四个方面展开。由于在前

---

① 苏珊·斯特兰奇. 全球化与国家的销蚀［A］. 全球化与世界［M］. 王列，杨雪冬，译. 北京：中央编译出版社，1998：116 - 117；苏珊·斯特兰奇. 权力流散：世界经济中的国家与非国家权威［M］. 肖宏宇，耿协峰，译. 北京：北京大学出版社，2005：45 - 46.

② 罗伯特·基欧汉，约瑟夫·奈. 权力与相互依赖［M］. 门洪华，译. 北京：北京大学出版社，2012：24 - 38；罗伯特·基欧汉. 霸权之后：世界政治经济中的合作与纷争［M］. 苏长和，译. 上海：上海人民出版社，2001.

③ Chadwick F. Alger. The Multinational Corporation and the Future International System［J］. Annals of the American Academy of Political and Social Science, 1972, 403：104 - 115.

文概念界定部分已讨论过非市场性风险的定义，故在此不再赘述。

最初，非市场性风险的相关研究大多围绕着政治事件与政府行为展开，其中又以军事战争、暴力革命等极端政治事件以及没收征用、交易限制等直接政府行为为主。[①] 20 世纪 70 年代，随着全球化的深入发展和跨国公司的成长壮大，学者们研究非市场性风险的视角也更加多元，出现了以下两个方面的变化：一方面，在界定风险来源时，更加重视东道国政府以外的因素，如国际环境、跨国公司母国环境、东道国社会环境等；另一方面，在考察风险表现形式时，更加关注政府政策、社会活动等非极端行为，如财政、货币等东道国宏观经济政策和劳工、环保等社会政策。[②] 21 世纪以来，跨国公司的海外经营环境整体得到了明显改善，除少数国家和地区外，极端风险发生的几率大幅降低。相比之下，由政策变动、文化差异、社会矛盾等问题引发的非传统风险则呈现出高发趋势。[③]

在现有研究成果中，杰弗里·西蒙对非市场性风险的概念界定得到了较为广泛的认同，此外他所划分的风险类型同样十分全面。杰弗里·西蒙根据风险来源和流向将非市场性风险分为直接内部风险、直接外部风险、间接内部风险和间接外部风险四类。杰弗里·西蒙又考察了跨国公司对外投资时所面临的东道国、母国、国际社会以及全球四种基本环境，以及这四种环境所具有的不同特点。他进而将国家发展水平和社会开放程度两个变量纳入研究之中，将非市场性风险的发生地划分为开放型/封闭型的发达国家和开放型/封闭型的发展中国家。之后又根据风险来源（内部/外部）和政治事件影响跨国公司的作用方式（直接/间接）构建了一个非市场性风险的分类框架，从而更加明确地区分了政府、社

① Franklin R. Root. U. S. Business Abroad and Political Risks [J]. International Executive, 1968, 10 (3): 11 - 12; Stephen J. Kobrin. When Does Political Instability Result in Increased Investment Risk [J]. Columbia Journal of World Business, 1978, 13 (2): 113 - 122.

② Charles R. Kennedy, Jr. Political Risk Management: A Portfolio Planning Model [J]. Business Horizons, 1988, 31 (6): 26 - 33; Wenlee Ting. Multinational Risk Assessment and Management: Strategies for Investment and Marketing Decisions [J]. International Executive, 1988, 20 (2): 31 - 33.

③ 张贵洪、蒋晓燕. 跨国公司面对的政治风险 [J]. 国际观察, 2002 (3): 49 - 52.

会、商业以及传媒等不同主体影响下的非市场性风险（见表 1 - 2）。①
此后，又有学者在表 1 - 2 的基础上对框架进行了适当修补和填充。例
如，马克·菲茨帕特里克（Mark Fitzpatrick）为其增添了影响非市场性
风险的政治过程要素，伊兰·阿隆和马修·马丁（Ilan Alon，1983；
Matthew Martin，1988）补充了风险产生的经济基础。②

表 1 - 2　　　　　　　　　非市场性风险分类框架

类别		发达国家		发展中国家	
		内部	外部	内部	外部
开放型	直接	（1）东道国政府许可、价格管控、税收； （2）不利的法律裁决； （3）负面媒体报道	（1）母国政府许可、税收政策； （2）区域和全球组织对企业运营的监管	（1）本土规则条例、合资压力、技术转让和进出口规制； （2）罢工、抗议、抵制、消极舆论环境； （3）不利的法律裁决； （4）负面媒体报道	（1）母国政府许可、税收政策； （2）区域和全球组织制定的跨国公司行为准则
	间接	（1）官僚性拖延和繁复手续； （2）选举、公众对环保控制的压力； （3）当地企业要求补贴、优惠待遇的压力	（1）母国和东道国的贸易争端； （2）不利于跨国公司的双边或多边贸易协定； （3）全球经济发展情况	（1）政府内部摩擦； （2）大规模罢工、选举； （3）当地企业要求补贴、优惠税率的压力	（1）南北问题纠纷； （2）母国外交或军事政策引发的抵制跨国公司的公众情绪； （3）区域或边境战争； （4）高额外债、违约； （5）大宗商品价格波动

---

① Jeffrey D. Simon. Political Risk Assessment：Past Trends and Future Prospects ［J］. Columbia Journal of World Business，1982，17（3）：62 - 71；Jeffrey D. Simon. A Theoretical Perspective on Political Risk ［J］. Journal of International of Business Studies，1984，15（3）：123 - 143.

② Mark Fitzpatrick. The Definition and Assessment of Political Risk in International Business：A Review of Literature ［J］. The Academy of Management Review，1983，8（2）：249 - 254；Ilan Alon and Matthew A. Martin. A Normative Model of Macro Political Risk Assessment ［J］. Multinational Business Review，1998，6（2）：10 - 19.

续表

类别		发达国家		发展中国家	
		内部	外部	内部	外部
封闭型	直接	（1）限制汇款；（2）罢工、恐怖袭击、暴力示威或抗议	（1）母国政府对企业经营的约束；（2）母国和国际的负面公众舆论、撤资压力	（1）国有化、征用；（2）恐怖袭击、社会暴乱、罢工	（1）母国政府对企业经营的约束；（2）母国和国际的负面公众舆论、撤资压力
	间接	（1）政变、激进的政权变动、领导层斗争；（2）革命、游击战争、社会暴乱	（1）母国和东道国关系恶化；（2）国际经济制裁或抵制；（3）国际抗议；（4）全球经济发展情况	（1）政变、激进的政权变动、领导层斗争；（2）革命、游击战争、社会暴乱	（1）南北问题纠纷；（2）母国外交或军事政策引发的抵制跨国公司的公众情绪；（3）区域或边境战争；（4）高额外债、违约；（5）大宗商品价格波动

资料来源：Jeffrey D. Simon. A Theoretical Perspective on Political Risk ［J］. Journal of International of Business Studies, 1984, 15（3）：123 – 143.

在探讨非市场性风险产生的原因时，学者们逐渐意识到影响非市场性风险的因素是多方面的，几乎所有国家都面临着不同程度的外部和内部压力，而这些压力的任意组合都可能导致政府采取影响跨国公司经营的行动。① 例如，国际国别风险指南（International Country Risk Guide, ICRG）② 对世界各国非市场性风险进行评级时就需要考察多达 12 项指标，其具体内容和权重为政府稳定性（12%）、社会经济情况（12%）、

① Jean Boddewyn. "Early U. S. Business – School Literature（1960 – 1975）on International Business – Government Relations" ［A］. In Robert Grosse（ed. ）, International Business – Government Relations in the 21st Century ［C］. Cambridge：Cambridge University Press，2005：25 –47.

② 国际国别风险指南在业内具有较强的权威性，其评级结果被称为"其他评级可以参考的标准"，服务用户包括联合国、国际货币基金组织、世界银行等重要国际组织和机构。

投资概况（12%）、内部冲突（12%）、外部冲突（12%）、腐败（6%）、军队参与政治（6%）、宗教关系紧张（6%）、法律和秩序（6%）、种族关系紧张（6%）、民主问责制（6%）、官僚机构质量（4%）。① 面对纷繁复杂的非市场性风险，学者们开始通过实证研究寻找特定类型风险发生的原因。他们发现，国家利益、国家主权和国家身份可能会刺激政府干预跨国公司的活动；国家遭遇的挫折水平与大量外资进入的相互作用结果，是影响该国国家征收行为的关键变量；国家类型与激进的政治变化相关，新独立的国家最有可能发生政治动荡，民主国家的可能性最低。② 除上述政治因素外，跨国公司的"国籍"、行业归属、产品政治敏感度等因素也可能引发非市场性风险。特别是如果跨国公司的活动与当地政府的经济、社会目标相违背，那么政府干预极有可能会发生。③ 此外，意识形态差异、社会分化程度等文化和社会因素也会影响风险水平。此外，为了更全面地考量跨国公司自身属性和行为影响非市场性风险的程度，也有学者运用定量方法开发了评估微观风险的量表。④

评估非市场性风险的实践活动最早始于跨国公司内部的风险管控部门，20世纪70年代起，评估和评价非市场环境就已成为跨国公司的一项基本日常工作。然而，企业的评估活动大多没有使用系统的环境分析方法，其信息来源主要是东道国员工报告、媒体、金融机构以及高层管理者的经验，不可避免地带有一定主观色彩。⑤ 为了克服这一缺陷，学者们吸收了经济学、统计学、计算机科学等学科的研究成果，综合运用

---

① PRS 集团公布的《国际国别风险指南研究方法说明》（International Country Risk Guide Methodology）。

② 高勇强. 跨国投资中的政治风险 [J]. 当代经济管理，2005（3）：44 - 45.

③ Mona Verma Makhija. Government Intervention in the Venezuelan Petroleum Industry：An Empirical Investigation of Political Risk [J]. Journal of International Business Studies，1993，23（3）：531 - 555.

④ 详见 Ilan Alon and Theodore T. Herbert. A Stranger in a Strange Land：Micro Political Risk and the Multinational Firm [J]. Business Horizons，2009，52（2）：131.

⑤ Warren J. Keegan. Multinational Marketing Control [J]. Journal of International Business Studies，1972，3（2）：33 - 47.

定性和定量方法，构建了多个评估非市场性风险的定量模型。例如，弗雷德里克·海纳（Frederick Haner，1980）使用德尔菲法纳入 10 个变量建立的非市场性风险评价模型，肯特·米勒（Kent Miller，1992）针对宏观政策和经济因素开发的整合性非市场性风险感知模型等。[1] 与此同时，美国陆续出现了多个商业性质的风险测评与预测机构，如定期公布世界各国风险指数（Political Risk Index，PRI）的美国商业环境风险评估公司（Business Environment Risk Intelligence，BERI），以及每月发布国际国别风险指南的美国纽约国际报告集团等。这些机构的评级结果具有较强的权威性和指导意义，除跨国公司以外，联合国、国际货币基金组织、世界银行等国际组织均是它们的用户。[2]

无论是从理论层面理解非市场性风险，还是基于经验事实进行风险评估，归根结底都是为了管控风险，避免跨国公司和国家海外利益因此受损。然而，在之前的很长一段时间内，学者们看待非市场性风险的态度是十分消极的，他们往往根据评估结果简单地将投资目标国划分为"安全与不安全"，进而给出"投资与不投资"的政策建议。[3] 随着经济学理性预期理论、投资风险溢价等理论的发展，学者们逐渐意识到风险本身并不危险，危险的是对它处理失当。特别是在高风险常常与高收益相伴的情况下，简单地回避投资并不利于跨国公司的海外发展。此后，国际经济贸易、企业管理、国际关系等领域均涌现出一批探讨非市场性风险管控问题的实证研究成果，学者们较为系统地考察了跨国公司应对恐怖主义、劳工争端、人权争议、环保抗议、民族主义等风险时的不同策略反应，发现配备私营安保产品、增强企业社会责任、提升本土员工

①　F. T. Haner. Global Business Strategy for the 1980s［M］. New York：Praeger Publisher，1980；Kent D. Miller. A Framework for Integrated Risk Management in International Business［J］. Journal of International Business Studies，1992，23（2）：311 – 331.

②　王琛. 国家风险评价指标体系对比研究［J］. 经济与管理研究，2008（6）：51 – 55.

③　杨国亮. 对外投资合作中的政治风险：现有研究的综述及其扩展［J］. 经济管理，2012（10）：196.

比例等方式可以降低风险。①

四、欧美国家干预中国企业跨国投资的理论解释

结合前文对非市场性风险的研究回顾，可以发现已有研究主要是以西方国家为视角开展的，这决定了绝大多数文献中的对外投资主体都是大型欧美成熟跨国公司，资本流向也体现为发达国家对发展中国家市场的开拓。虽然学者们关注到跨国公司遭遇政治审查或准入壁垒这类政策风险，但大多仍在考察欧美企业在发展中国家的遭遇。例如西奥多·莫兰（Theodore Moran，1978）的研究表明，发展中国家阻碍发达国家外资流入的主要原因，是担心本土企业和市场对欧美国家及其企业形成过度依赖。②

随着近年来以中国为代表的发展中国家对外投资额大幅增加，欧美国家政府借用安全审查等政策工具为新兴经济体跨国公司设阻的现象逐渐引起了学术界的关注。然而，由于以中国为代表的新兴国家企业大规模"走出去"不过十余年，欧美国家感到自身在全球价值链中的主导地位受到冲击，并广泛推行外资安全审查政策也主要发生于2008年金融危机之后。③因此，学术界对中国企业遇阻问题的研究时间较短，基本围绕着个案展开。面对近来美国滥用国家安全概念，动用联盟力量打击特定中国企业，并极力构建排华技术链和供应链干预中国对外投资等

---

① 相关研究成果包括：Kirt C. Butler and Domingo Castelo Joaquin. A Note on Political Risk and the Required Return on Foreign Direct Investment [J]. Journal of International Business Studies, 1998, 29 (3): 599 – 607; John J. Mazzarella. Terrorism and Multinational Corporations: International Business Deals with the Costs of Geopolitical Conflict [J]. Major Themes in Economics, 2005, 7 (1): 59 – 73; Kristin Vekasi. Transforming Geopolitical Risk: Public Diplomacy of Multinational Firms for Foreign Audiences [J]. The Chinese Journal of International Politics, 2017, 10 (1): 95 – 129.

② Theodore H. Moran. Multinational Corporations and Dependency: A Dialogue for Dependentistas and Non – Dependentistas [J]. International Organization, 1978, 32 (1): 79 – 100.

③ Sean Starrs. American Economic Power Hasn't Declined—It Globalized! Summoning the Data and Taking Globalization Seriously [J]. International Studies Quarterly, 2013, 57 (4): 817 – 830.

现象，学者们从大国实力竞争、产业和技术优势护持以及制度冲突的角度对相关问题进行了探讨：

一是"战略竞争论"。这一观点主要聚焦于大国博弈和贸易技术争端加剧的背景下，美国阻挠中国企业的国际化活动以及制裁中兴、华为等企业的现象。这种看法认为，目前来看中美竞争的焦点是对世界头号经济强国的争夺，并未过分扩展到政治、军事等领域，也尚未出现对国际领导权的竞争。现阶段美国最大的担忧是未来中国经济实力不断累积，因此，为了打压中国的经济潜力，美国便开始遏制中国企业、干扰中国海外利益拓展，加紧在经济领域对中国施加体系压力。[①] 一些学者从"战略竞争论"出发研究中国企业对欧美投资遇阻的现象，并将这一非市场性风险视为世界政治格局变动和东道国国内政治需求在国际经济关系中的反映。例如，黄一玲（2014）通过分析多起中国企业投资失利的案例后指出，美国国内保守势力受经济民族主义的驱使，更倾向于对中国企业设置不同程度的壁垒，其政治意图在于遏制中国的经济崛起。[②] 王碧珺、肖河（2017）的研究发现，西方国家拒绝中资企业投资的政策行动掺杂着商业竞争和国内政治层面的原因，双边政治关系、企业投资规模、投资行业敏感性等因素都对中国企业遇阻具有显著影响。相比之下，企业所有制性质的作用并不明显。[③] 达斯汀·廷利（Dustin Tingley，2015）通过对1999～2014年的569个交易样本进行回归分析，发现美国在外资安全方面的考虑、对本土企业的保护主义以及市场对等开放的诉求，是美国政府对中国企业设置政治壁垒的主要因素。[④] 此

---

① 高程. 中美竞争与"一带一路"阶段属性和目标［J］. 世界经济与政治，2019（4）：58－78.

② 黄一玲. 求解跨国公司应对东道国壁垒之博弈策略——以中国跨国公司对美国直接投资中政治壁垒为考察点［J］. 东南学术，2014（4）：30.

③ 王碧珺，肖河. 哪些中国对外直接投资更容易遭受政治阻力［J］. 世界经济与政治，2017（4）：106－128.

④ 需要说明的是，这项研究在选择样本时将因政治阻碍而投资失败、遇阻但投资成功以及投资成功后遇阻的案例都无差别地收入其中。参见 Dustin Tingley, Christopher Xu, Adam Chilton and Helen V. Milner. The Political Economy of Inward FDI: Opposition to Chinese Mergers and Acquisitions［J］. The Chinese Journal of International Politics，2015，8（1）：27－57.

外，还有一些研究围绕着中国企业对外投资失利的个别案例展开。例如，黄河、华琼飞（2014）综合分析了中国海洋石油公司、鞍山钢铁公司以及华为三家企业赴美投资受阻的典型案例，认为美国外资安全审查制度透明度低、主观性强，并且受到中美贸易摩擦、美国国会政治、社会经济萧条和投资保护主义等因素的干扰。① 潘亚玲（2011）同样以中国海洋石油公司并购优尼科受挫为案例，将美国干预中国企业投资的政策行为与经济民族主义相联系，认为安全审查是美国推行投资保护主义的工具。②

二是"产业链和技术垄断论"，这一观点从世界市场和国际产业分工的角度出发，致力于从相对微观的层次解释欧美国家对中国对外投资的担忧情绪及其设置准入壁垒的动机。雷少华（2019）指出，在全球化时代，产业结构单一或国内市场发展不足可能会为一国国民经济带来结构性危机。这导致大国竞争的本质开始发生变化，大国博弈的焦点正在从单纯追求军事安全向着确保产业完整和技术优势等方面延展。③ 刘威（2019）认为，近来中美贸易和技术争端反映出以美国为首的西方国家作为现有国际生产分工体系的主导者和技术优势的垄断者，为了维护世界经济体系中不对称依附关系所带来的既得利益，正在不遗余力地遏制后发国家可能引领科技革命的技术与产品。特别是对中国企业可能转移本国先进技术的跨国投资分外敏感和警惕，其目的在于防止后发国家通过技术模仿或技术创新冲击和赶超自身在世界产业技术格局中的领先地位。④ 因此，欧美国家频繁利用知识产权保护、外资安全审查等制度遏制中国企业的投资和技术发展，归根结底是为护持"技术霸权"。⑤

① 黄河，华琼飞. 美国投资保护主义——以中国对美投资为例［J］. 复旦国际关系评论，2014（2）：167－187.

② 潘亚玲. 美国对华政策中的经济民族主义［J］. 美国问题研究，2011（1）：101－104.

③ 雷少华. 超越地缘政治——产业政策与大国竞争［J］. 世界经济与政治，2019（5）：131－154.

④ 刘威. 中美贸易摩擦中的高技术限制之"谜"［J］. 东北亚论坛，2019（2）：83.

⑤ 王金强. 知识产权保护与美国的技术霸权［J］. 国际展望，2019（4）：116.

三是"制度差异论"。一般认为，跨国公司母国与东道国之间的制度距离，即双方在管制、规范和认知三个制度维度上的差异是诱发非市场性风险的重要因素。① 与欧美国家相比，中国企业无论是企业管理理念、经营策略还是日常行为模式都与西方本土企业存在较大差异。再加上部分中企表现出的跨国经营经验不足、制度透明度低、企业社会责任欠缺等问题，进一步加剧了欧美国家对中国企业的不信任感。正如安德鲁·科纳（Andrew Kerner，2014）描述的那样，中国企业与西方国家跨国公司的运作规则和管理方法具有较大差异，这导致一方面欧美国家政府担心中国企业进入本国市场后会对已有行为规范造成冲击，从而实施行政干预。② 另一方面，中西方差异进一步强化了中国企业海外生产经营经验不足的弱点，部分企业因忽视企业社会责任而引发了东道国政府、社会的不满和抵制情绪，致使后续投资难以推进。③

值得一提的是，企业所有制类型本身就是影响东道国政府是否干预经济活动的重要因素，国有企业往往因为被认为服务于国家战略目标、拥有不正当竞争的补贴而面临着更高的准入壁垒。④ 这种现象普遍存在于包括欧美企业在内的大多数跨国商业活动中。例如，黛博拉（Deborah Mostaghe，2007）考察了2006年迪拜世界港口公司收购拥有美国数个港口经营权的英国伦敦半岛东方航运公司失败的案例，认为对阿联酋地区恐怖主义和迪拜世界港口公司国有性质的担忧是美国外国投资委员会（The Committee on Foreign Investment in the United States，CFIUS）将这一交易认定为安全威胁的主要原因。⑤ 保罗·康奈尔（Paul Connell，

① Douglass C. North. Institutions, Institutional Change and Economic Performance [M]. Cambridge: Cambridge University Press, 1990.

② Andrew Kerner. What We Talk About When We Talk about Foreign Direct Investment [J]. International Studies Quarterly, 2014, 58 (4): 804 – 815.

③ Laura Caniglia. Western Ostracism and China's Presence in Africa [J]. China Information, 2011, 25 (2): 165 – 184.

④ 陈兆源，田野，韩冬临. 中国不同所有制企业对外直接投资的区位选择——一种交易成本的视角 [J]. 世界经济与政治，2018 (6): 117.

⑤ Deborah M. Mostaghel. Dubai Ports World Under Exon – Florio: A Threat to National Security or a Tempest in a Seaport? [J]. Albany Law Review, 2007, 70: 583 – 623.

2013）使用定性方法研究了五个因 CFIUS 阻止而失败的并购活动后，又对 76 个遭受 CFIUS 审查的案例进行了回归分析，认为 CFIUS 的审查活动并没有针对特定国家，不属于国家歧视性干预。[1] 部分事实也支持了这项论断，欧美国家彼此之间也经常会出现为对方投资设阻的行为。代表性案例包括：20 世纪 90 年代，法国汤姆逊公司（Thomson）拟收购美国 LTV 公司的导弹生产设施，在双方已达成协议的情况下，美国国会因顾虑汤姆逊公司的国有背景而要求 CFIUS 否决这项交易；[2] 2005年，法国政府曾以国家安全和民族情结为由，明确阻止美国百事公司收购法国达能集团。然而，欧美国家对中国企业与政府关系的判断却更加苛刻，不仅作为中国企业"走出去"主力军的国有企业时常成为欧美国家外资安全审查的重点目标，就连一些非国有的民营企业也在制度距离等因素的影响下，被质疑为母国政府实现政治目的提供便利。[3]

除了集中探讨中国企业遭遇准入壁垒的原因之外，还有一些文献侧重于讨论欧美国家干预中国企业的手段以及对本国社会经济的影响。例如，有学者从美国政府阻止中国海洋石油公司收购优尼科公司（Unocal）一案入手，分析了国家层面的政治反对对市场经济的影响，发现在 CFIUS 审查这笔交易期间美国石油公司股价大跌。[4] 杜仲霞（2013）以三一重工、华为在美国并购受阻案为例，从法学角度系统介绍了美国外资安全审查相关的法律制度、行政机构和审查程序。[5]

---

[1] Paul Connell and Tian Huang. An Empirical Analysis of CFIUS: Examining Foreign Investment Regulation in the United States [J]. Yale Journal of International Law, 2013, 39 (1): 131 – 163.

[2] 杨鸿. 美国外资国家安全审查制度的最新改革：对我国影响的评估及其应对 [J]. 江淮论坛，2009 (5): 123.

[3] 韩召颖，吕贤. 美国对中资并购实施安全审查的经济民族主义分析 [J]. 求是学刊，2019 (4): 157.

[4] Kam – Ming Wan and Ka-fu Wong. Economic Impact of Political Barriers to Cross – Border Acquisitions: An Empirical Study of CNOOC's Unsuccessful Takeover of Unocal [J]. Journal of Corporate Finance, 2009, 14 (4): 447 – 468.

[5] 杜仲霞. 美国外资并购国家安全审查制度及对我国的启示——兼评三一重工、华为在美投资并购受阻案 [J]. 现代经济探讨，2013 (3): 71 – 78.

五、文献小结

回顾既有文献后可以发现，国际政治经济学对跨国公司的角色定位十分多元，非市场性风险和国家对外经济政策方面的研究成果总体上也非常丰富。然而，学术界对于欧美国家非市场性风险的关注和研究是明显不足的，特别是在个案分析的基础上继续深入和系统地研究欧美国家政府对新兴国家企业跨国活动的政策反应，以及政策反应出现差异分化的原因。具体而言，对已有研究的评述可从以下四方面进行。

第一，在研究国家对外经济政策时，学术界将国际体系、国家政治结构、社会结构和生产要素等多个变量纳入分析框架之中，从而形成了以体系、国家、社会和行业间要素流动为中心的四条研究路径。上述成果既体现了国家决策的复杂性，也反映出国际政治经济学从国际体系层次向国内政治层次的不断延伸。然而，以上四种路径在具有明显优势的同时也存在局限性。例如，体系论无法解释为什么处于相似国际体系中的国家会有截然不同的对外经济政策，以国家为中心的路径则难以全面揭示国家政策形成的完整过程。近年来，随着国际关系现实世界中的新现象和新问题不断涌现，越来越多的学者认识到，仅凭单一的理论视角和思维模式是无法应对现实挑战的。① 为了更好地解释国家对外经济决策的复杂过程，特别是在分析国际金融货币、投资贸易等特定领域时，学者们更倾向于将不同的理论与研究方法结合起来，以问题导向型的经验研究来取代理论范式之争。

遗憾的是，目前学术界无论是遵循理论范式，还是运用分析折中主义的路径来研究东道国对跨国公司设置准入壁垒的现象，都未能将跨国公司作为一个独立的能动性主体。这主要体现在，以社会为中心、以行

---

① 鲁德拉·希尔，彼得·卡赞斯坦. 超越范式——世界政治研究中的分析折中主义[M]. 秦亚青，季玲，译. 上海：上海人民出版社，2013.

业间要素流动为中心以及体系—社会①的研究路径都认为，国家不是对外经济政策制定的过程中的唯一行为体，并关注到涵盖跨国公司的阶级联盟和行业联盟的政治能动性，但大多数学者仍然将跨国公司视为一个集中代表某种利益诉求的群体而不是具有差异化利益偏好的个体。事实上，即使是来自同一国家、属于相同行业的跨国公司在同一东道国的利益诉求和行为表现也可能是不同的，它们各自的特质又将进一步影响东道国对企业投资的安全认知以及政府干预的程度和结果。② 为了加深对跨国公司国际政治经济角色的理解，本书将立足于跨国公司的独立性和能动性，重点考察中国企业在欧美国家的利益诉求、政治经济行为以及它们在调节东道国政治壁垒过程中发挥的作用。

第二，在现实主义、自由主义和马克思主义三大主流学派辩论发展的过程中，跨国公司的国际政治经济角色逐渐清晰起来。然而，由于不同理论范式在认识论上的分野根深蒂固，在前提假设、推演逻辑以及研究对象和视角的选择偏好等方面也存在固有差异，导致它们对跨国公司的理解大多禁锢于各自阵营的藩篱之中，难免出现一些偏见和不足。③具体体现为：现实主义建立起的权力关系架构是以国家为中心的，特别是在约翰·米尔斯海默（John Mearsheimer）、沃尔兹等一些学者看来，马来西亚、哥斯达黎加、丹麦、挪威等国尚且不足以吸引国际政治理论和外交政策研究的注意力，更不必说将国际体系中的非国家行为体纳入理论框架之中。因此，现实主义者更倾向于将跨国公司视为边缘行为体、国家的附庸或是国家以经济利益交换政治优势的工具；④ 自由主义

---

① 参见 Helen V. Milner. Rationalizing Politics: The Emerging Synthesis of International American, and Comparative Politics [J]. International Organization, 1988, 52 (4): 759 –786.

② 可参考美国谷歌（Google）和雅虎（Yahoo）在中国的不同经营活动与政治风险经历。见 Charles E. Stevens, En Xie and Mike W. Peng. Toward A Legitimacy – Based View of Political Risk: The Case of Google and Yahoo in China [J]. Strategic Management Journal, 2016, 37 (5): 945 – 963.

③ David A. Lake. Why 'Isms' Are Evil: Theory, Epistemology, and Academic Sects as Impediments to Understanding and Progress [J]. International Studied Quarterly, 2011, 55 (2): 465 –480.

④ 肯尼思·华尔兹. 国际政治理论 [M]. 信强，译. 上海：上海人民出版社，2003：94 – 97.

虽然承认跨国公司是具有利益诉求的独立行为体，给予了跨国公司足够的重视，但过分夸大了跨国公司的地位和作用，时常脱离当今世界国家与跨国公司的互动现实；① 马克思主义同样认可跨国公司在国际社会中的重要地位，并试图从跨国公司的角度解释发达国家与落后国家之间经济发展存在巨大落差的原因。但以依附论为代表的学者更侧重于以阶级的视角审视跨国公司，批评其在世界经济不平衡与依附关系形成过程中所起到的负面作用。②

此外，三大理论对跨国公司的理解还具有两点共同的缺陷：其一，无论它们是否承认和重视跨国公司的地位和作用，它们在理论建构时都将民族国家作为基本分析单位，将跨国公司视为国家行为体或资本主义体系派生出的因变量，而不是自变量。③ 其二，它们普遍站在西方国家的角度来描述跨国公司，更强调西方跨国公司对发展中国家的单向影响，而发展中国家跨国公司的特点与作用及其在发达国家的经济活动并未得到应有重视。

第三，从非市场性风险的相关研究来看，研究起源于20世纪70年代发展中国家没收征用跨国公司资产的现象。然而，时至今日绝大多数学者仍然是站在欧美跨国公司的立场上，来讲述它们在发展中国家遭受和应对非市场性风险的经历。这种研究生态导致学术界对欧美国家非市场性风险的认识存在着偏差，相关理论也鲜有突破，基本停滞在20世纪八九十年代的水平。学术界普遍认为当跨国公司的投资目标国是经济较为发达的欧美国家时，许多风险基本都被消除了。政府即使需要干预跨国公司的活动，态度也会更为温和，通常会采取调整税收、价格管制等方式。因此，跨国公司在欧美国家面对的非市场性风险主要来自社会

① Karen A. Mingst. Essentials of International Relations ［M］. New York：W. W. Norton & Company, 2004：74.

② 孙溯源. 跨国公司的国际政治经济学研究：反思与重构［J］. 国际政治研究，2007（3）：66.

③ Darry S. L. Jarvis. Multinational Enterprises, International Relations and International Business：Reconstituting Intellectual Boundaries for the New Millennium ［J］. Australian Journal of International Affairs, 2005, 59（2）：206.

层面，经常以间接的形式传导到政治层面。若是企业能够为当地社会带来就业、福利等共享性利益，那么社会风险也将大大降低。由此得出的结论是，与发展中国家相比，发达国家政治稳定、政治制度质量高，相应的政策风险也很低，是更为理想的海外投资目的地。① 不可否认的是，政治稳定性和政治制度质量的确是影响非市场性风险的关键性因素，但是在冷战结束后，经济议题在国际政治经济中的重要性明显上升。② 因此，在国家经济利益或民族主义的驱动下，即使在政治稳定、政治制度成熟的欧美国家也曾多次出现政府反对、干预乃至直接阻止跨国公司投资本国市场的现象。对于这一点，学术界并没有给予足够的关注，缺乏理论上的系统阐释。

第四，现有关于中国企业在欧美国家遇阻的研究中，研究对象大多是那些已经开始投资但因后续政策风险而中断或绩效表现为亏损的项目，这与本书的研究问题和研究对象有着本质区别。本书所要讨论的非市场性风险是跨国公司的商业活动遭遇东道国政府阻挠的问题，这类风险绝大多数发生在与东道国正式缔约之前，而不是在项目落地后的经营过程中。在实际情况中，这一风险给跨国公司带来的利益损失主要包括投资前市场调研、风险测评、收益测算等环节涵盖的人力、物力和财力成本，企业已在该国投入运营的子公司或项目也可能因此遭受负面影响。同时，本书关注的不仅是一些欧美国家对中国企业投资项目表示反对并设阻的现象，还需要对比研究同一企业获得另一些欧美国家支持的成功投资项目，这样才能够进一步分析出现这种反差的原因。

从现有关于欧美国家政府对中国企业设置准入壁垒的理论解释来看，"战略竞争论""产业链和技术垄断论"和"制度差异论"涉及国际关系、国家制度和企业特征等多个维度，有助于推动研究向着更深入和细致的层面发展。由于已有研究所选择的案例以个案形式为主，并且

① William Easterly. National Policies and Economic Growth：A Reappraisal [J]. Handbook of Economic Growth，2005，（1）：1015 – 1059.

② 张传明. 当代跨国公司经营中的政治风险问题 [J]. 世界经济与政治，1999（5）：34 – 35.

大多关注的都是中国企业海外投资失利的项目，缺乏对同一跨国公司在不同国家或不同时期的成败经历进行全面考察，再加上文献中对准入壁垒的状态基本呈现发生或未发生的二元判断，导致学者们更注重探寻这一政策风险爆发的原因，忽视了这一风险还可能因某些因素而增强、减弱或是消散，由此得出的研究结论也难免趋于静态，其解释力可能仅限于个别企业或特定国家。

第三节 理论基础与研究方法

本书将采用社会科学研究方法，在既有国际关系理论重要假定的基础之上，对中国企业投资欧美国家遭遇市场准入壁垒的代表性案例进行实证研究，从而归纳和分析出导致这些国家对中国企业跨国投资活动出现不同政策反应的核心因素。对于一项围绕这一国际政治经济现象展开的经验研究来说，仅仅依靠某种单一理论范式的研究结果恐有不够严谨之嫌。① 因此，后续研究更倾向于从经验事实出发，以国际关系学科相关理论成果为支撑，进而构建一种分析折中主义的综合性解释框架。

一、理论基础

本书立足于理性选择理论，将在以下基本假定和理论判断的基础上展开：

首先，国际政治经济体系由主权国家和非国家行为体构成，呈现二元主体的特征。其中，国家仍是体系中最基本、最主要的行为体，跨国公司则是具有特定利益诉求和一定政治行为能力的重要经济实体。② 主

---

① 周方银，王子昌. 三大主义式论文可以休矣——论国际关系理论的运用与综合 [J]. 国际政治科学，2009（1）：79-98.

② Anders Uhlin. Transnational Corporations as Global Political Actors：A Literature Review [J]. Cooperation and Conflict，1988，23（4）：231-247.

权国家居于国际政治经济体系中的核心位置，是自主和理性的，并有着整体利益和目标。① 虽然在国内政治现实中，确实存在各种利益的交织和斗争，但从最终的政策产出来看，我们仍然可以将国家视为一个统一的整体。另外，国家是目标导向型的理性行为体，它追求一系列目标，并且这些目标之间存在着一定的等级排序。同时，国家还对成本十分敏感，在决策时会根据国家利益选择最优或者次优的方案。② 跨国公司是国际政治经济体系中关键的非国家行为体。同国家一样，跨国公司也是自主的理性行为体，它们具有明确的经济利益目标，追求财富与经济性权力。在此过程中，一方面，作为生产要素跨国流动的载体，跨国公司在收获经济利益的同时，也不可避免地进入国际政治经济的权力空间。③ 另一方面，尽管跨国公司与国家在互动的过程中形成了相互依赖关系，但这种关系是非对称的。当国家与跨国公司发生利益冲突时，国家不仅拥有充分的权力资源与跨国公司讨价还价，还可以为企业投资经营设置政治障碍，甚至直接剥夺跨国公司在当地的资产。当然，跨国公司也可以将资产从东道国抽离，从而为该国带去失业、贸易赤字等困扰，但这种方式对于更注重绝对收益的跨国公司来说往往是得不偿失的。

其次，国际社会具有无政府特征。国家和跨国公司都是自利的行为体，分别以国家利益和企业利益作为行动准则。二者在互动的过程中既存在利益斗争又存在利益趋同，这种关系决定了它们既可能发生冲突，也可能达成合作。④

国际社会不存在一个中央权威，但这并不一定导致无序。世界贸易体系、国际金融货币体系、国际多边投资协定等国际制度框架的存在表

---

① 秦亚青. 现实主义理论的发展及其批判［J］. 国际政治科学，2005（2）：147－149.

② Robert Jervis. Realism in the Study of World Politics［J］. International Organization，1998，52（4）：971－991.

③ 如世界能源体系、金融体系等领域。参见苏珊·斯特兰奇. 国际政治经济学导论：国家与市场［M］. 杨宇光等，译. 北京：经济科学出版社，1992：102.

④ Robert O. Keohane. After Hegemony：Cooperation and Discord in the World Economy［M］. New Jersey：Princeton University Press，1984：51－52.

明，国际社会特别是世界经济市场完全可以是一个无政府的有序社会。[①] 在无政府状态下，安全和生存是国家追求的首要目标，只有在保证安全的前提下，国家才有可能实现经济福利、国际责任等目标。现实中，国家与跨国公司之间的利益冲突远没有国家之间安全竞争和权力争夺那般紧张与激烈，跨国公司对国家权力的侵蚀基本仅发生在生产结构领域中，难以对国家整体的安全与生存构成挑战。尽管二者都追求权力和利益，但国家在根本上关注的是相对收益，跨国公司则更注重绝对收益。这是因为跨国公司明白如果自身无法为东道国带去收益，将很难取得在东道国投资和经营的权利。因此，国家与跨国公司的利益在大多数情况下是趋同的，合作应是当前国际政治经济体系的常态。即使国家与跨国公司之间切实发生冲突，理性行为体也总是希望以最小的代价换取最大的利益。[②]

最后，国家在面对外国资本流入时，不仅关注预期收益，还对潜在的风险格外敏感。[③] 国家总是趋利避害的，它会理性分析、计算各种选择的成本和收益后，对综合效用较高的利益显示出偏好，并以此为行为依据形成对跨国公司投资的政策反应。[④] 因此，在现实中即使是同一跨国公司的相似投资项目，也可能在不同国家或不同时期遇到不同程度的政治阻力。这是国家从本国利益出发，评估外来投资的安全风险与综合收益后所做出的理性选择。跨国公司是具有能动性的独立行为体，可以影响国家对项目收益和风险的认知和计算结果，并能够在国家决策范围内争取达成更接近自身预期的目标。

① Robert Axelrod and Robert O. Keohane. Achieving Cooperation under Anarchy Strategies and Institutions [J]. World Politics, 1985, 38 (1): 226 – 254.

② 秦亚青. 国际制度与国际合作——反思新自由制度主义 [J]. 外交学院学报, 1998 (1): 41.

③ 斯科特·普劳斯. 决策与判断 [M]. 施俊琦, 王星, 译. 北京: 人民邮电出版社, 2004: 85.

④ 刘少杰. 理性选择研究在经济社会学中的核心地位与方法错位 [J]. 社会学研究, 2003 (6): 24 – 32.

二、研究方法

本书的核心问题是为什么同一中国企业的相似投资行为会在不同国家或不同时期遭遇不同程度的准入壁垒，这决定了本书是一项解释性研究，即写作目的不在于检验或发展理论，而在于回答"为什么"。为此，本书将遵循实证科学研究的思路，在提出研究问题、吸收和批判前人研究成果的基础上，通过观察经验事实来构建理论假设和解释框架，并采用定性研究为主、定量研究为辅的研究方法，对理论框架进行实证检验。

具体来说，本书遵循类型化（typology）的社会科学研究思维方式，主要使用社会科学定性研究方法中的案例研究法（case study），并通过访谈中国大型跨国企业投资部门的工作人员来了解跨国公司对外投资的客观流程与政治经历。同时，还将参考全球并购交易分析库（ZEPHYR）、全球宏观经济指标分析库（EIU Country Data）、美国企业研究所（American Enterprise Institute）、中国与大国关系数据库等定量数据库公布的数据作为辅助和佐证性材料。

类型化是社会科学研究领域广泛应用的分析技术，是国际关系研究者用来构建理论的主要方法，可用于定义和测量核心概念、厘清研究对象、提取解释要素以及建立因果机制等各个环节。[①] 面对中国企业在欧美国家遇阻的众多事例，通过类型化的方法可以有效地对这些经验现象进行归类分析，从国家、企业、行业等不同维度探寻导致项目遇阻的共同驱动因素。此外，由于研究问题涉及国家和跨国公司两个独立行为体，可能跨越体系结构、国际关系、国内政治等多个研究层次。在研究过程中，更需要借助类型化的思维方式和归因方法将自变量变化与因变量变化进行匹配，从而建立起矩阵式的理论解释框架。

案例研究是定性研究的基本方法之一，旨在针对单个或少数事例进

---

① 刘丰. 类型化方法与国际关系研究设计［J］. 世界经济与政治，2017（8）：44 – 63.

行详细、深入的分析与解释。[1] 案例研究不仅可以通过融合学术文献、媒体报道、企业年报等多种类型的资料来增强论证有效性，还能够借助过程追踪法[2]剖析资料从而还原案例发生的复杂过程，帮助研究者厘清变量间的逻辑关系，进而揭示并检验因果关系链条。此外，为了控制因果机制中的不同变量并剔除干预变量，往往还需要对至少两个案例进行比较研究。为了考察欧美国家对中国企业投资的态度，并解释各国态度出现差异的原因，必须对同一企业在不同国家或在相同国家不同时期的成功与受挫经历进行比较案例分析，这样才能够确定理论假设中相关变量的变化情况。以此为基础，通过将变量的不同取值情况与各个案例加以匹配，可更进一步地区分不同自变量对因变量的影响程度。

此外，由于研究人员难以直接参与跨国公司的国际化活动，因此在研究过程中从中国大型国有企业与私营企业中分别选择至少一名对外投资部门的高级管理人员，对其进行直接、非结构式的访谈。访谈将通过个别面访、线上会议或电话交谈的方式进行，访谈内容以企业海外市场选择、跨国投资流程、目标国的安全审查制度、企业与当地政府沟通和联系情况等客观事实为主。[3] 访谈的目的在于尽可能完整地追溯跨国公司对外投资的一般性过程，增加一手资料来验证理论假设，以便排除干扰性变量。

三、案例选择

本书拟在投资欧美国家经验较为丰富的中国企业之中，选取具有代表性的关键案例。案例选取标准为，所选跨国公司应在不同欧美国家分

---

① 李少军. 谈国际关系论文写作的规范与方法 [J]. 世界经济与政治, 2013 (4): 153.

② 有关过程追踪法的介绍与应用，参见曲博. 因果机制与过程追踪法 [J]. 世界经济与政治, 2010 (4): 103 - 105; 斯蒂芬·范埃佛拉. 政治学研究方法指南 [M]. 陈琪, 译. 北京: 北京大学出版社, 2006: 61 - 64.

③ 翟海源等. 社会及行为科学研究方法（二）［M］. 北京: 社会科学文献出版社, 2013: 30 - 32.

别有过投资成功，以及遭遇政策阻挠或准入壁垒的经历。在这一原则的指导下，后续研究将重点考察国家电网（State Grid）和万向集团两家中国企业的跨国投资活动，使用两组案例来探究并检验导致各国准入壁垒程度出现差异的因果机制。这两组案例分别是：国家电网并购葡萄牙和德国电网企业的成就与挫折、万向集团收购美国企业 A123 系统公司和菲斯科（Fisker Automotive）的成功与挫折。

选择以上两家企业主要基于三点原因：第一，从企业特点来看，虽然两家跨国公司的行业类型不同，但都属于研发投入和研发人员占比高，并将先进技术用于生产实践、拥有独立知识产权的企业。从当前大国竞争的内容和趋势来看，高新技术已经成为中西方博弈的焦点，并且两家企业的核心技术均因涉及基础设施、军民两用等因素而带有较强的政治敏感性。因此，国家电网、万向集团的国际化经历对于未来中国企业特别是高新技术企业具有特殊的借鉴和指导意义。第二，从企业性质来看，国家电网属于中国国有企业，万向集团则是中国私营企业"走出去"的代表。在案例选择时，兼顾国有企业和私营企业能够考察企业"身份"与海外政策风险的关系。第三，从企业发展情况来看，国家电网已连续多年进入《财富》发布的世界 500 强企业名录，万向集团则于 1994 年便在美国设立全资子公司，并迅速发展成为美国中西部地区最大的中资企业。二者均为中国企业走向世界市场的杰出代表。同时，两家公司的海外投资和经营经验丰富，并且均有成功开拓欧美市场与遭遇准入壁垒的经历。这对于研究欧美国家对待中国企业的政策复杂性与不确定性具有重要现实意义。

第二章

中国企业的国际化历程与欧美市场分析

20 世纪末期，中国政府提出应更好地利用国内国外两个市场、两种资源，积极参与国际多边贸易交流和合作，不仅要吸引外国企业来中国投资，也要积极引导和组织国内有实力的企业到国外投资办厂，进一步将"引进来"与"走出去"的对外开放方针结合起来。[①] 在这一思想的指导下，为扩大对外开放、推进企业面向全球布局，政府开始将"走出去"战略提升至国家战略层面，并于 2001 年正式将这一战略写入《国民经济和社会发展第十个五年计划纲要》。此后，中国历届政府都十分重视"走出去"战略，2013 年"一带一路"倡议实施后，中国企业更是迎来了国际拓展的黄金时代，中国海外利益也随之急剧扩展。

然而，海外市场中的风险同样不容小觑，自中国企业"走出去"以来，东道国战争动乱、政策变更、制度差异带来的非市场性风险都曾对其投资与经营产生过负面影响，许多跨国企业因此利益受损。同时，随着中国海外利益不断延伸，部分西方国家便开始歪曲中国企业的投资意图，令中国企业在世界市场中面临的舆论环境空前恶化。[②] 近年来，随着中国企业技术革新和产业升级的速度加快，部分欧美国家对中国经

[①] 江泽民. 实施"引进来"和"走出去"相结合的开放战略 [A]. 江泽民文选（第二卷）[M]. 北京：人民出版社，2006：92.

[②] 李志永. 企业公共外交的价值、路径与限度——有关中国进一步和平发展的战略思考 [J]. 世界经济与政治，2012（12）：99-100.

贸政策呈现出强硬化和竞争化趋势。美国不仅通过持续收紧外资安全审查制度多次为中国企业设阻，还不惜动用联盟力量对华为、中兴等单一企业展开国际封锁，极大增加了中国企业投资欧美市场的复杂性和不确定性。在此情势之下，有必要了解中国企业"走出去"的成就与挑战，以及欧美国家对中国企业政策态度的变化趋势和影响。

第一节 中国企业"走出去"的历程与特征

2013 年，中国成为全球第一大商品贸易国。2014 年中国的对外直接投资规模超过同期利用外资规模，成为资本净输出国。[①] 同年，挺进世界 500 强榜单的中国企业数量开始突破 100 家，并呈现出逐年增长的趋势。[②] 如今无论作为外商直接投资的接受国还是对外直接投资的来源国，中国都已跻身世界前列。对于众多走出国门的中国企业来说，背靠经济体量如此庞大的母国无疑为其海外活动增添了信心和机遇。然而，不可否认的是，尽管中国企业"走出去"的成绩斐然，但仍存在着一些运营、技术与监管方面的阻碍，中国政府与企业的关系也引起了部分西方国家的猜忌和曲解，这些问题无疑是中国企业在国际化道路上继续深耕前行的掣肘因素。因此，在研究中国企业在欧美国家遭遇准入壁垒的经验现象之前，首先需要回顾中国企业"走出去"的国际拓展历程，了解当前中国企业在世界市场中的发展水平及其与中国政府的关系特征，并在此基础上客观分析中国企业对外投资的成就与不足。

---

① 李大伟. 怎么看我国成为资本净输出国 [N]. 人民日报，2015 - 2 - 26 (7).
② 世界 500 强榜单是《财富》杂志主要依据各大公司在前一财年的总营业收入发布的排行榜，因此 2014 年发布的榜单实际评判的是 2013 财务年度各企业的营收表现，以此类推。2014～2022 年《财富》发布的世界 500 强企业名录中，中国（包括台湾地区）上榜企业的数量分别为 100 家、106 家、110 家、115 家、120 家、129 家、133 家、143 家、145 家。详见财富中文网，http：//www. fortunechina. com/fortune500/node_65. htm。

一、中国企业"走出去"的历程

自从对外开放被确立为一项长期基本国策以来，中国逐步确立开放型的社会主义市场经济体制，并积极与世界各国开展经贸往来和技术交流。特别是加入世界贸易组织后，中国参与全球化的程度日益加深，经济也随之进入到腾飞阶段。2013 年"一带一路"倡议的出台，进一步加深了中国与沿线国家的经济合作和伙伴关系。截至 2020 年 3 月 23日，中国已同 149 个国家（地区）和 32 个国际组织签署 200 份共建"一带一路"合作文件。① 时至今日，中国凭借着庞大的经济体量跻身世界经济大国之列，成为全球第二大经济体（按名义 GDP 总量计算），海外利益也正在以前所未有的速度扩展和延伸。作为国家海外利益拓展和全球性生产要素流动的主要承载者，中国企业的国际化之路经历了从外资和技术"引进来"到扩大跨国合作，再到独立"走出去"的渐进式过程。这一过程既是中国企业不断成长壮大的反映，也是改革开放后中国与世界互联互通的缩影。

（一）1979～2001 年：起步和探索阶段

20 世纪 70 年代，随着中国与日本、美国等国陆续建交，国际政治经济环境逐步改善，中国政府于 1979 年 8 月颁布了旨在扩大对外开放和指导企业对外投资的《关于经济改革的十五项措施》，其中第十三项提出允许"出国开办企业"，自此拉开了中国企业走向世界市场的序幕。②

改革开放初期，中国国内的大型企业绝大多数是在原有计划经济体制下成长起来的国有企业，民营企业的力量相对薄弱，因此"走出去"

---

① 中国一带一路网公布的"已同中国签订共建'一带一路'合作文件的国家一览"，https：//www. yidaiyilu. gov. cn/xwzx/roll/77298. htm。
② 冯华. 我国对外直接投资的回顾与展望［J］. 山东社会科学，2014（1）：117.

的主体也以国有企业为主。仅有为数不多的对外经贸类企业为满足自身业务需求而在海外设立代表处和子公司等分支机构，如中国化工进出口总公司、上海机械进出口公司等。投资领域则以餐饮、贸易、咨询服务、承包建筑工程等服务型行业为主，投资区域集中在中国香港、澳门地区以及周边发展中国家。① 从图 2－1 中可以看出，中国对外直接投资流量直到 1985 年才开始出现明显增长，该年对外直接投资流量达 6.29 亿美元，高于 1979～1984 年的累积总额。1985～1991 年，中国企业的对外投资规模仍然较小，年度对外直接投资额未超过 10 亿美元。这一阶段中国开展海外投资的非贸易性企业总计 859 家，一些生产制造、能源开采和综合金融类企业开始参与其中，对外投资领域也逐渐向交通运输、制造加工装配和资源能源开发等 20 余个行业延伸，并已扩展到部分发达国家。② 与之相呼应的是，这一时期中国吸引外资的规模也在与日俱增，许多著名的外商独资和中外合资企业均在此时落户中国，如

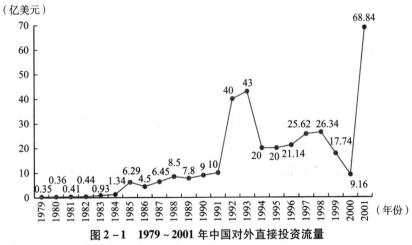

图 2－1　1979～2001 年中国对外直接投资流量

资料来源：根据联合国贸易和发展会议（UNCTAD）数据库公布的数据整理得出。

---

① 王晓红，李自杰，李耀辉. 改革开放 30 年我国对外直接投资的回顾与展望 [J]. 国际贸易，2008（9）：38.

② 王晓红. 我国企业对外直接投资现状及对策研究 [J]. 中国社会科学院研究生院学报，2017（3）：39.

美国摩托罗拉公司、中德合资的上汽大众汽车公司、中美德合资的北京吉普汽车公司等。这些外资企业为中国带来了先进的技术、管理方法和合作经验，为中国企业确立"产权明晰、权责明确、政企分开、管理科学"的现代企业制度、进一步融入世界市场起到了重要促进作用。

1992年邓小平南方谈话掀起对外开放的浪潮，1992年中国对外直接投资额较1991年增长了三倍。同年，党的十四大确立中国建设社会主义市场经济体制的目标，中国企业也在迈向市场化的过程中开始了真正意义上的国际拓展活动。自此，中国对外投资进入"边调整边发展"的阶段，这一阶段一直持续到2001年。面对1993年前后中国国内"经济过热"的情况，政府一方面采取紧缩银根的措施来抑制通货膨胀，并对投资和信贷规模加以控制，另一方面着手整顿和清理企业境外投资活动，规范对外投资审批手续。这一时期，尽管中国对外直接投资流量因政策收紧而有所下降，但国家管理和引导跨国经济活动的政策措施却逐步完善和规范起来，相继发布了《境外企业管理条例》《中华人民共和国外汇管理条例》《境外投资财务管理暂行办法》等相关文件。与此同时，中国鼓励企业参与国际竞争的态度并未改变。1997年党的十五大报告中提出，"鼓励能够发挥我国比较优势的对外投资""更好地利用国内国外两个市场、两种资源，积极参与区域经济合作和全球多边贸易体系"。[①] 上述中国政府管理、调整和引导对外投资的举措，为之后"走出去"战略出台以及中国加入世界贸易组织奠定了基础。

总体上看，1979～2001年是中国企业对外投资的起步和探索阶段，也是企业逐渐革新管理制度、政府建立和完善各项对外投资机制的阶段。在这一时期，国有企业是中国对外投资的主力军。随着改革开放和经济体制转轨的不断深入，最初贸易型为主的单一对外投资结构有所改善，出口创汇和获取自然资源已不再是中国企业海外投资的唯一动因，投资领域也开始从进出口贸易、承包工程等服务性行业向能源资源开发、加工制造等生产性行业扩展。

---

① 龚雯，王政. 我国实施"走出去"战略成果回放［N］. 人民日报，2003-4-11（1）.

（二）2002～2016 年：全面高速发展阶段

进入 21 世纪，国际环境相对稳定，经济全球化成为主流趋势。中国经济体制改革初见成效，社会主义市场经济体制不断得到发展和完善。经过 20 余年的对外开放探索，中国国内生产总值和外汇储备迅速增长，成为发展外向型经济的坚实资本基础，一批企业也已在海外实践中积累了丰富的投资和经营经验。中国在 2001 年底加入世界贸易组织之后，开始以空前的力度鼓励和支持各种所有制企业走向世界市场、开展跨国投资贸易活动。自此，中国对外投资规模不断扩大，越来越多的企业开始走出国门参与国际竞争。在"走出去"战略出台和中国"入世"的推动下，2002～2016 年中国对外直接投资流量实现 14 年连续稳步增长，年均增长速度约为 35.8%，并一跃成为流量规模仅次于美国的世界第二大资本输出国（见图 2－2）。截至 2016 年底，中国共有 2.44 万境内

图 2－2　2001～2018 年中国对外直接投资流量

注：2002～2005 年数据的统计范围为对外非金融类直接投资，2006～2018 年为全行业对外直接投资。

资料来源：中华人民共和国商务部，国家统计局，国家外汇管理局发布的《中国对外直接投资统计公报》（2002～2018 年）。

投资者在 190 个国家和地区设立了 3.72 万家境外企业，境外企业资产总额达 5 万亿美元。[①]

从图 2-2 中可以看出，中国对外直接投资大幅增长始于 2008～2009 年。2008 年金融危机使世界经济体系遭遇重创，各国经济普遍受到了不同程度的打击。在全球跨国投资陷入震荡和低迷之际，中国对稳定世界经济和平稳度过危机做出了决定性贡献。中国 2009 年对外直接投资流量创历史最高值，在所有国家中位列第五，在发展中国家居首位。[②] 在挑战和机遇并存的背景下，中国企业特别是国有企业凭借融资等方面的优势，通过一系列积极的国际化策略在海外逆势抄底，开始走向世界市场的中心。为了支持和引导企业"走出去"，中国政府在这一时期出台了许多相关政策文件。例如，2009 年商务部发布《境外投资管理办法》，不仅放开了对境外投资的审批限制，还确立了企业在对外投资活动中的主体性地位。2013 年，"一带一路"倡议开始实施，着力对中国对外投资的空间流向和整体布局进行调整优化。[③] 在国家的政策激励下，中国企业的对外投资量不减反增并屡创新高。以跨国并购活动为例，在 2008 年全球跨国并购交易额因金融危机而锐减 34.7% 的情况下，中国企业通过收购和兼并实现对外直接投资 302 亿美元，较上年激增 379%。[④] 金融危机发生后，中国企业实施的大型跨境并购交易主要包括：2009 年国家电网公司以 39 亿美元竞得菲律宾国家电网 40% 的股权；[⑤] 2011 年中国石油化工集团以 35.4 亿美元成功收购葡萄牙能源公司 30% 的股权；[⑥] 2013 年中国海洋石油总公司以 148 亿美元完成对加拿

① 中华人民共和国商务部，国家统计局，国家外汇管理局.2016 年度中国对外直接投资统计公报 [M].北京：中国统计出版社，2017：3-7.

② 中华人民共和国商务部，国家统计局，国家外汇管理局.2009 年度中国对外直接投资统计公报 [M].北京：中国统计出版社，2010：3.

③ 张述存."一带一路"战略下优化中国对外直接投资布局的思路与对策 [J].管理世界，2017（4）：4.

④ 中国崛起：海外并购新领域 [R].德勤，2009：7.

⑤ 颜新华.国家电网正式接管菲律宾国家输电网 [N].中国电力报，2009-1-22（1）.

⑥ 国家能源局.中石化 51.56 亿美元完成收购葡能源公司巴西资产 30% 权益.2012-3-30，http：//www.nea.gov.cn/2012-03/30/c_131497785.htm.

大尼克森石油公司 100% 股权的收购，这也是 2017 年之前中国企业海外并购金额最多的一笔交易。①

中国对外投资经过从 2002 年到 2016 年高速稳定的发展，对外开放形成了"引进来"和"走出去"并重的新格局，对外投资存量占全球存量的份额由 0.4% 提升至 5.2%，② 已成为资本输出的世界大国。同时，对外投资还对国内产业起到了带动作用，国际国内产业的联动效应明显。具体而言，从对外投资的主体来看，国有企业和非国有企业在投资存量中的差距逐渐缩小，二者存量分别占总量的 54.3% 和 45.7%，③ 多种所有制企业共同"走出去"，国有企业与民营企业"双轮驱动"的多元化对外投资格局已基本形成。从对外投资的方式来看，跨国并购是中国企业在发达国家和地区获取资源能源、先进技术、渠道市场和服务网络等生产要素的主要方式，具有项目多、金额大、领域宽等特点，并已涉及制造业、信息技术服务业和交通运输等近 20 个行业大类。④ 相比之下，中国企业在发展中国家则更倾向于采用"绿地投资"模式。从对外投资的领域来看，国民经济的各个行业类别均有中国企业跨国投资的身影，其中租赁和商务服务业、金融业、批发和零售业、采矿业和制造业是投资较为集中的五个行业。此外，投资的整体产业结构也更加优化合理，在 2016 年末中国对外直接投资存量中，第一产业、第二产业和第三产业的比重分别为 1%、22.7% 和 76.3%。⑤ 从对外投资的区域来看，尽管中国对外投资存量的 84.2% 仍分布于发展中经济体，发达经济体的投资存量占比仅为 14.1%，但流向美国、澳大利亚、欧盟等

① 张金斗．海外并购整合的风险控制：以中海油收购尼克森为例［J］．财务与会计，2018（11）：32 – 34.

② 中华人民共和国商务部，国家统计局，国家外汇管理局．2016 年度中国对外直接投资统计公报［M］．北京：中国统计出版社，2017：17.

③ 中华人民共和国商务部，国家统计局，国家外汇管理局．2016 年度中国对外直接投资统计公报［M］．北京：中国统计出版社，2017：26.

④ 刘宏，汪段泳．中国对外直接投资现状与特点研究：2008 – 2009［J］．国际经贸探索，2010，（12）：65 – 66.

⑤ 中华人民共和国商务部，国家统计局，国家外汇管理局．2016 年度中国对外直接投资统计公报［M］．北京：中国统计出版社，2017：22 – 26.

发达经济体的投资却在日益增多。以 2016 年为例，中国面向发达经济体的投资总流量为 368.4 亿美元，较 2015 年大幅增长 94%。其中，中国企业对美国投资同比增长 111.5%，对加拿大投资同比增长 83.7%，对欧盟投资同比增长 82.4%，对澳大利亚投资同比增长 23.1%。[①] 可见，随着中国企业现代管理制度不断完善，国际竞争力日益提高，越来越多的企业将欧美国家视为理想的投资目的地。

（三）2017 年至今：理性和规范发展阶段

自 2003 年中国政府建立对外直接投资统计机制以来，2017 年中国对外直接投资首次出现负增长，同比下降 19.3%，2018 年的投资流量又较 2017 年下降 9.6%。[②] 尽管如此，中国在全球跨境投资中的影响力却并未减弱，海外并购活动依旧活跃，仍然保持着世界前三大对外投资国的地位。

之所以出现上述情况，很大程度上是因为 2017 年中国政府为防范各类风险，引导和规范对外投资方向，优化投资结构，推动对外投资持续、有序、健康的发展，从而大力加强了审查企业对外投资真实性和合规性的力度。近年来，中国企业跨境并购酒店、影院和体育俱乐部等非实体经济的交易量不断走高，但这类投资既难以助力国内生产和经济增长，其资金来源又多为高杠杆率的大额国内融资，将大量挤占投资资源，暗藏较高的金融风险。因此，中国政府已叫停多起此类对外投资项目，并对非理性投资和虚假投资展开更为严格的审查。在上述政策导向下，企业面向酒店、影院、房地产和体育俱乐部等领域的对外投资遭到一定程度的限制，但中国整体对外投资却正逐步回归理性，投资结构得到明显优化。[③] 上述举措反映出在中国经济由"高速增长"向"高质量

---

① 中华人民共和国商务部，国家统计局，国家外汇管理局.2016 年度中国对外直接投资统计公报 [M]. 北京：中国统计出版社，2017：15 – 16.

② 中华人民共和国商务部，国家统计局，国家外汇管理局.2017 年度中国对外直接投资统计公报 [M]. 北京：中国统计出版社，2018：3 – 9.

③ 高鹏飞，辛灵，孙文莉.新中国 70 年对外直接投资：发展历程、理论逻辑与政策体系 [J]. 财经理论与实践，2019（5）：5.

发展"转型的过程中，政府对企业对外投资的态度也从重视投资规模和速度转向强调投资质量和效益。

2008 年金融危机后，世界经济复苏一波三折，使中国的外部需求在近年来出现常态性萎缩。2016～2018 年，全球外国直接投资额连续 3 年下滑，已降至金融危机以来的最低水平，中国对外投资面临的国际环境也发生了明显变化。与此同时，美国逐渐表现出"逆全球化"政策取向，其国内经济保护主义、贸易单边主义势力抬头，导致中国企业近几年的赴美投资流量锐减。特别是 2018 年以来，美国多次采取行动限制中国对美投资，挑起中美贸易摩擦，极大增强了中美两国经贸关系的不确定性。此外，中国现行经济体制中的政府引导作用与美国、欧盟、澳大利亚等发达经济体市场经济运行规则之间的冲突不断凸显，欧美国家多次指责中国企业对外投资存在"非市场经济性质"和"非商业行为"。① 2018 年 8 月，美国《外国投资风险评估现代化法案》（FIRRMA）正式生效，进一步强化对所谓"非市场经济国家"企业赴美投资的限制，其他一些欧美国家也纷纷通过收紧本国外资准入政策，不断加强对外国投资的安全审查力度。在此情势下，中国企业涉及能源、基础设施、敏感技术和战略性资源等领域的投资，时常遭遇欧美国家的政策阻挠。面对复杂多变的国际环境和欧美国家日趋严苛的投资审查制度，中国国有企业、高新技术企业等相关企业的对外投资活动均受到了相当大的政治阻力。

二、中国企业与政府的关系特征

自改革开放以来，中国国民经济整体保持快速增长势头，但也曾出现过多次过冷或过热的经济波动，这种现象与中国政府与市场关系协调性欠佳有着密切关联。② 为了解决中国经济发展中存在的不平衡、不协

---

① 张幼文. 70 年中国与世界经济关系发展的决定因素与历史逻辑［J］. 世界经济研究，2019（7）：12.

② 魏杰，董进. 改革开放后中国经济波动背后的政府因素分析［J］. 中央财经大学学报，2006（6）：52-57.

调以及不可持续性等问题，2013 年 11 月党的十八届三中全会通过《中共中央关于全面深化改革若干重大问题的决定》（以下简称《决定》），《决定》对新形势下中国经济体制改革等问题进行了全面部署，并明确指出"经济体制改革的核心问题是处理好政府和市场的关系"。由此，中国政府与市场的关系从国家层面得到了清晰的理论界定，即"市场在资源配置中起决定性作用""更好发挥政府作用"。① 此后国家便开始着力弱化政府在资源直接配置中的作用，并积极推进以"简政放权、加强监管、优化服务"为核心的"放管服"改革，加快政府职能转变的步伐。在中国经济体制改革取得诸多成就的同时，也应当看到虽然中国已经基本建立起中国特色社会主义市场经济体制，并确定了市场在资源配置中的优先地位和基础性作用，但单纯依靠市场作用调节各方关系的结果可能是次优的，"市场失灵"的现象仍时有发生。② 然而，行政体制改革往往滞后于经济体制改革，面对市场机制难以解决的无序竞争、市场垄断以及公共产品供给不足等诸多问题，中国政府的宏观调控能力还需加强，手段还需丰富，这样才能够有效避免政府职能缺位、越位或错位等情况出现。③

　　在微观经济领域，国家与市场的关系则集中体现为政府与企业这一微观经济主体的关系。《决定》中强调"国有资本、集体资本、非公有资本等交叉持股、相互融合的混合所有制经济，是基本经济制度的重要实现形式"，社会主义市场经济的进一步发展需要各类所有制经济相辅相成、相得益彰、共同发展。④ 因此，在经济体制改革的过程中，政府在发挥规划和监管市场作用的同时，还应确保各类企业拥有充足的活力和创造力，塑造市场化、法制化和国际化的营商环境。⑤ 近年来，随着

---

①　温源，冯蕾. 核心问题是处理好政府和市场的关系 ［N］. 光明日报，2013 – 11 – 14 (5).

②　徐斌. 市场失灵、机制设计与全球能源治理 ［J］. 世界经济与政治，2013 (11)：80.

③　白永秀，王颂吉. 我国经济体制改革核心重构：政府与市场关系 ［J］. 改革，2013 (7)：14 – 21.

④　韩保红. 国有经济与民营经济相辅相成相得益彰 ［N］. 人民日报，2018 – 12 – 7 (7).

⑤　张旭. "政府和市场的关系"与政府职能转变 ［J］. 经济纵横，2014 (7)：18 – 22.

中国全面深化改革持续推进，营商环境得到明显改善，企业不仅在国内经济活动中发挥着主体性作用，越来越多的企业经过本土市场的经验积累和历练后，开始尝试踏入海外市场、参与国际竞争。在跨国经济活动中，企业是全球化时代资本、劳动力和技术等关键要素跨国流动的重要载体，在中国对外直接投资过程中扮演着核心角色。[①] 为鼓励和支持企业对外投资，中国政府通过 2014 年施行的《境外投资管理办法》确立了以备案管理为主的管理模式，仅对涉及敏感国家、地区和行业的境外投资实行核准管理。同时，负面清单管理制度也已开始实施，目前98% 的对外投资事项已不再需要经过政府审核。[②]

中国政府通过推行一系列简政放权的改革措施，一方面极大提高了对外投资效率，为企业"走出去"创造了更为简化和便利的条件。截至 2020 年底，中国超 2.8 万家境内投资者已设立对外直接投资企业 4.5 万家，分布于全球 189 个国家（地区）。[③] 另一方面，市场主体的活力也得到了有效激发，中国国有企业改革有序推进，不断取得突破；众多民营企业也日益活跃，成为社会主义市场经济体系中的后起之秀。[④] 例如，2019 年成立仅九年的小米集团便以 264.4 亿美元的营业收入和20.5 亿美元的利润进入《财富》世界 500 强榜单，成为了最年轻的世界 500 强公司。[⑤] 当前"走出去"的中国企业中，按照所有制性质可将其划分为国有企业和非国有企业两大类，其中国有企业是国务院和地方人民政府分别代表国家履行出资人职责的国有独资企业、国有独资公司以及国有资本控股公司；[⑥] 非国有企业包括乡镇企业、私营（也称民

---

① 宋新宁，田野. 国际政治经济学概论 [M]. 北京：中国人民大学出版社，2015：173.

② 罗兰. 对外投资首超引资规模 [N]. 人民日报（海外版），2015 – 1 – 26（2）.

③ 中华人民共和国商务部、国家统计局、国家外汇管理局. 2020 年度中国对外直接投资统计公报 [M]. 北京：中国统计出版社，2021：4.

④ 郑新立. 全面深化改革取得历史性成就 [N]. 人民日报，2019 – 1 – 15（9）.

⑤ 韩洁. 走向更加广阔的舞台——写在民营企业座谈会召开一周年之际 [N]. 人民日报，2019 – 10 – 31（1）.

⑥ 中华人民共和国财政部. 国有企业境外投资财务管理办法. 2017 – 6 – 19，http：//www. mof. gov. cn/gp/xxgkml/zcgls/201708/t20170802_2664315. html.

营、个体）企业、外资企业以及合资企业等。尽管《境外投资管理办法》中提到企业在开展境外投资时，都需"依法自主决策、自负盈亏"，但不同所有制类型的企业与政府的关系，以及它们的海外运营方式和国际境遇仍然具有比较明显的差别，主要体现为以下三点。

第一，从中国国有企业和非国有企业在国民经济中的地位来看，在中国的基本经济制度中，公有制经济是主体。国有企业尤其是由中央政府监督管理的国有企业，在关系国家安全和国民经济命脉的主要行业和关键领域占据着支配地位，是国民经济的中坚力量和重要支柱。[①] 同时，中国经济的快速增长也离不开多种所有制经济共同发展，非国有企业与国有企业具有平等的市场地位。非国有企业特别是民营企业在稳定经济增长、促进科技创新、改善就业民生和扩大对外开放等方面发挥着不可替代的作用。[②]

第二，从中国国有企业和非国有企业的对外直接投资存量来看，根据商务部等部门公布的 2006～2020 年历年对外直接投资数据，非国有企业投资存量的比例呈现出明显增长势头（见图 2-3）。考虑到这一过程伴随着大批国有独资企业向国有资本控股、参股的股份制企业改制，应当认为国有企业仍然是当前中国对外直接投资的主力军。以 2019 年《财富》世界 500 强企业为例，上榜的中国企业中中国有企业大约占到八成。[③] 但整体而言，中国对外直接投资的主体结构已经愈发多元化，由以往的国有企业唱主角转变为国有企业和非国有企业并重。

第三，从中国国有企业和非国有企业二者与政府的关系来看，国有资本的投资运营是在中央或地方国有资产监督管理委员会的监管下进行

① 王胜利，赵云君. 国有经济推进中国工业化的成就和经验 [N]. 光明日报，2019-9-3 (16).

② 中华人民共和国中央人民政府. 中共中央国务院关于营造更好发展环境支持民营企业改革发展的意见 . 2019-12-22，http：//www. gov. cn/xinwen/2019-12/22/content_5463137. htm.

③ 刘少华，顾桥孜. 世界 500 强 中国面孔多 [N]. 人民日报（海外版），2017-8-17 (2).

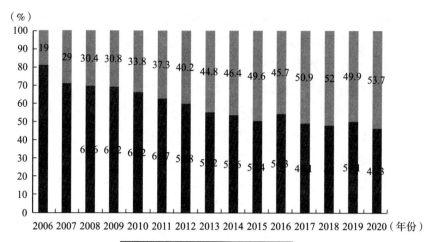

图 2 - 3 2006～2020 年中国国有企业和非国有企业存量占比情况

资料来源：中华人民共和国商务部，国家统计局，国家外汇管理局．2020 年度中国对外直接投资统计公报［M］．北京：中国统计出版社，2021：31.

的，在必要时候需要为国家战略目标服务。[1] 与非国有企业相比，国有企业在海外投资时获得的财政补贴、政策支持和政治保护总体较多。在这种相对优势的影响下，国有企业对项目盈利性的关注度较低，往往具有更强的抗风险能力，更有可能面向某些投资风险高但具有战略意义的国家投资。[2] 同时，国有企业与政府之间的密切关系也为其跨国活动明显增添了政治敏感度，部分国家担忧中国国有企业的投资活动受国内政治议程影响严重、容易夹杂非商业动机，并因财政补贴而带有不公平市场竞争的色彩。[3] 因此，一些国家更倾向于对国有企业的活动采取歧视

---

[1] 张卓元．国有资本应逐步向五个重点领域集中［N］．人民日报，2015 - 2 - 10（7）．

[2] Bala Ramasamy, Matthew Yeung and Sylvie Laforet. China's Outward Foreign Direct Investment: Location Choice and Firm Ownership［J］. Journal of World Business, 2012, 47（1）: 17 - 25.

[3] Hinrich Voss, Peter J. Buckley and Adam R. Cross. The Impact of Home Country Institutional Effects on the Internationalization Strategy of Chinese Firms［J］. Multinational Business Review, 2010, 18（3）: 25 - 48.

性态度并设置行政障碍。

三、中国企业的国际竞争力分析

为了考察中国企业在世界市场中的经营水平、发展特点及其与欧美成熟跨国公司相比可能存在的不足，下面将以《财富》杂志评选世界500强时公布的企业资料为依据，对世界500强名录中的中国企业和世界一流企业进行多个维度的对比分析。

首先，通过观察近5年世界500强榜单中中国企业与美国企业的数量，以及中美两国前5位企业的营业收入，可以对中国大型企业的资产规模和总体实力进行比较直观的判断。自20世纪末《财富》杂志将制造业和服务型企业纳入排行榜单以来，还没有一个国家的企业数量增长速度超越中国。中国加入世界贸易组织后，2002年榜上有名的中国企业（包括香港、澳门和台湾地区企业）仅有11家，这一数字到2022年已飞速增长到145家，远远超过日本（47家）、法国（25家）、德国（28家）、英国（18家）等传统经济强国，与美国上榜企业的数量旗鼓相当。同时，随着世界500强中国企业数量逐年攀升，企业的经营和资产规模也在不断扩大，在营收水平上可与美国一流企业匹敌。此外，近年来中国企业在榜单中的排位也出现了十分明显的提升。例如，在2019年的世界500强排行榜中，不仅有77家企业排位高于2018年，还有北京小米科技有限责任公司、珠海格力电器股份有限公司等十余家企业首次上榜，可见越来越多的中国企业开始走向世界经济舞台的中央。[①]

其次，为了考察中国大型企业的经营状况和市场竞争力，表2-1计算并对比了2019年榜单中的119家中国企业（未计台湾地区企业）、121家美国企业和所有世界500强企业在2018财务年度的平均

---

① 王俊岭. 2019年《财富》世界500强榜单出炉——中企上榜数量创新高［N］. 人民日报（海外版），2019-7-24，（1）.

销售收入、平均利润、平均销售收益率①和平均净资产收益率②四项指标。其中，销售收益率和净资产收益率通常被视为最能反映企业盈利能力和经营状况的两个要素。从表 2 – 1 中可以看出，与世界 500 强企业的平均水平相比，中国企业的销售和资产规模与其他国家上榜公司大体持平。但从平均利润、平均销售收益率和平均净资产收益率三项指标来看，中国企业目前尚未达到世界 500 强企业的平均盈利能力。与美国企业相比，中国企业在销售收入、经营状况和盈利能力等方面的不足则更为明显。特别是如果考虑中美两国企业的员工数量，这些差距还将进一步扩大，以 2019 年世界 500 强企业的数据为例，美国企业平均雇佣员工的人数为 139113，中国企业的平均雇佣员工 179469 人，是美国的 1.29 倍；美国企业人均销售收入为 56 万美元，中国企业人均销售收入 37 万美元，约为美国的 3/5；在人均利润方面，美国企业产出的人均利润达 4.3 万美元，中国企业的人均利润仅为 1.95 万美元，尚不足美国的一半，上述数据反映出，虽然近年来美国企业进入世界 500 强排行榜的数量有所下降，但其企业盈利能力和经营水平仍处于世界领先地位。③ 相比之下，尽管中国上榜企业已经拥有体量庞大的资产规模，但仍然相对欠缺世界一流企业应当具备的高水平资源配置能力、创新能力和盈利能力。因此，当前中国企业迫切需要在"做大"的基础上尽快"做强"，方能全面提升在全球市场中的国际竞争力。

---

① 销售收益率（return on sales）是单位销售收入带来的利润，反映是企业一定时期内税后净利润与销售总额的关系，计算公式为销售收益率（税后）＝税后利润总额/销售净收入 × 100%。排除不同行业的利润水平差异，这一指标能够较好地评估企业的收益水平，即销售收益率越高，企业的收益水平越高，盈利能力越强。

② 净资产收益率（return on equity）又称股东权益报酬率，是企业净利润额与平均股东权益的比值，计算公式为净资产收益率＝净利润/平均净资产×100%。该指标可用于衡量企业运用自有资本的效率，净资产收益率越高，企业所有者权益的获利能力越强，企业运用自有资本获取收益的能力越高。

③ 王志乐. 中国大公司数量首次与美国并驾齐驱，如何做强变得更为迫切. 财富中文网，http：//www. fortunechina. com/fortune500/c/2019 – 07/22/content_339750. htm.

表2-1　　2019年世界500强中国内地企业与美国企业的主要经营指标对比

国家 （地区）	平均销售收入 （亿美元）	平均利润 （亿美元）	平均销售 收益率（%）	平均净资产 收益率（%）
中国（未计台湾地区）	665	35	5.3	9.9
美国	779	60	7.7	15
世界500强（全部）	654	43	6.6	12.1

资料来源：根据《财富》2019年"世界500强"排行榜公布的数据整理和计算得出，详见 http://www.fortunechina.com/fortune500/c/2019-07/22/content_339535.htm。

再次，在基本了解中国大型企业的总体经营状况之后，为进一步分析其中代表性企业的盈利水平和特点，表2-2参考2019年《财富》发布的"世界500强最赚钱的50家公司"名录，对其中中国企业（未计台湾地区企业）和美国企业的排位、行业和利润进行了对比。从数量和利润来看，在最赚钱的50家公司中，美国有22家企业，创造的利润总额高达约4381亿美元；中国有11家企业上榜，总利润约为2344亿美元，约占美国22家企业的53%，两项指标与美国的差距都十分明显。此外，聚焦于中美两国上榜企业的行业分布还可以发现，在中国的11家企业中，银行类公司占据七个席位，平均利润约为259亿美元，远高于中国其他世界500强企业的平均水平。再考虑2019年世界500强榜单中的其余4家银行，即兴业银行、上海浦东发展银行、中国民生银行和中国光大集团的盈利情况后，[①] 结果显示尽管这11家银行在所有上榜的中国企业中占比不足10%，但其获取的利润总额却高达约2086亿美元，约占119家公司总利润的50%。如果暂且剔除这11家银行，那么其余108家中国公司的平均利润约为19.2亿美元。相比之下，表2-2中美国4家银行的利润约为1010亿美元，约为22家企业总利润的

① 兴业银行、上海浦东发展银行、中国民生银行和中国光大集团在2018财年的利润分别为9164.5百万美元、8453百万美元、7608.4百万美元和1890.8百万美元。数据来源于2019年财富世界500强排行榜。财富中文网，http://www.fortunechina.com/fortune500/c/2019-07/22/content_339535.htm.

23%。在此基础上，将高盛、摩根士丹利、美国合众银行和第一资本金融公司4家美国银行纳入考察范围后，[①] 在2019年上榜的121家美国世界500强公司中，银行类企业占比约7%，总利润共计约1334亿美元，占总利润的约18.3%。同样剔除这8家银行后，其余113家企业的平均利润仍能达到约52.8亿美元，高于中国和世界500强企业的平均水平。

表2-2　　　　　　　"2019年世界500强最赚钱的50家公司"
中美企业的利润和行业对比

国家	排名	企业名称	行业	利润（百万美元）
中国	3	中国工商银行	银行	45002
中国	5	中国建设银行	银行	38498
中国	8	中国农业银行	银行	30657
中国	10	中国银行	银行	27225
中国	20	国家开发银行	银行	16744
中国	22	中国平安保险股份有限公司	保险业	16237
中国	33	阿里巴巴集团	互联网服务	13094
中国	38	招商银行	银行	12179
中国	41	腾讯控股有限公司	互联网服务	11901
中国	43	中国移动通信集团公司	电信	11745
中国	47	交通银行	银行	11131
美国	2	苹果公司	计算机、办公设备	59531
美国	6	摩根大通公司	银行	32474
美国	7	伞形公司	互联网服务和零售	30736
美国	9	美国银行	银行	28147
美国	13	美国富国银行	银行	22393

---

① 高盛、摩根士丹利、美国合众银行和第一资本金融公司在2018财年的利润分别为10459百万美元、8748百万美元、7096百万美元和6015百万美元。数据来源于2019年财富世界500强排行榜．财富中文网，http：//www.fortunechina.com/fortune500/c/2019-07/22/content_339535.htm.

国家	排名	企业名称	行业	利润（百万美元）
美国	14	脸书公司	互联网服务和零售	22112
美国	15	英特尔公司	半导体、电子元件	21053
美国	16	埃克森美孚	炼油	20840
美国	17	美国电话电报公司	电信	19370
美国	18	花旗集团	银行	18045
美国	21	微软	计算机软件	16571
美国	23	房利美	多元化金融	15959
美国	24	威瑞森电信	电信	15528
美国	25	强生	制药	15297
美国	26	雪佛龙	炼油	14824
美国	28	美光科技公司	半导体、电子元件	14135
美国	36	华特迪士尼公司	娱乐	12598
美国	37	百事公司	食品	12515
美国	40	联合健康集团	保健	11986
美国	44	美国康卡斯特电信公司	电信	11731
美国	46	辉瑞制药有限公司	制药	11153
美国	48	家得宝	专业零售	11121

资料来源：根据《财富》2019 年"世界 500 强最赚钱的 50 家公司"排行榜整理得出，详见 http：//www. fortunechina. com/fortune500/c/2019 – 07/22/content_339539. htm.

可以看出，不考虑各大银行之后，中美两国企业的利润水平差距愈发显著，美国企业的平均利润达中国企业的约 2. 75 倍。此外，美国的高利润企业较为均衡地分布于能源、金融、医疗保健、食品娱乐和高科技等各类传统与新兴行业之中，而中国银行类企业依靠行业准入限制和政策优势获取超额利润的问题依然存在。因此，尽管这些银行的资产和利润规模庞大，但却不能将其直接等同于企业的经营能力和竞争力。

最后，以表 2 – 2 为基础，进一步归纳和对比 2019 年世界 500 强榜单中国企业（未计台湾地区企业）和美国企业的行业分布情况，可以发现中美两国产业结构存在的明显差异。总体上看，美国的产业结构已经呈现出后工业化阶段的特征，而中国的产业结构仍处于工业化的进程之中。具体来说，在与能源矿产、银行、保险、商业贸易以及航空与防务相关的行业中，中美两国的企业数量都不在少数，此外中国企业更集中地分布于工程建筑、冶金、汽车与零部件制造以及房地产等传统产业领域。因此，面对当前中国整体产业结构和经济发展阶段，中国企业很难牢牢占据全球产业链和价值链的上游地位，这也成为制约企业盈利能力和国际竞争力的关键因素之一。

四、中国企业"走出去"的成就与不足

改革开放至今，中国对内推进市场经济体制改革，对外积极与世界各国建立经贸联系，现已形成吸引外资量和对外投资量持平、充分利用国内和国外两个市场的格局。在微观层面，这一演进和发展过程体现为中国企业从内向国际化到外向国际化的历程，即企业跨国投资交易、海外业务拓展、对外政治经济交流以及融入世界市场和国际分工体系的各项活动。[①] 中国企业"走出去"对国内经济和世界经济的稳定增长均发挥了重要作用，所取得的成就是有目共睹的。

中国企业"走出去"对本国经济的影响主要体现在缓解战略资源供给不足的压力、带动国内产业转型升级以及提升中国国际影响力和竞争力三方面。由于中国经济高速发展对石油、矿石、天然气等自然资源的需求量与日俱增，一直以来，获取自然资源以弥补国内资源短缺都是中国企业对外投资的重要动因之一。截至 2020 年末，中国对外投资流向采矿业（包括油气开采、煤炭开采、有色金属矿采选等）的存量达1738.8 亿美元，占全部存量的 8.8%。此外，信息传输、软件和信息技术服务业也是中国对外投资较为集中的领域，这一领域在 2020 年底所

---

① 刘建丽. 国有企业国际化40年：发展历程及其制度逻辑［J］. 经济与管理研究，2018（10）：13.

持投资存量为 2979.1 亿美元，占总存量的 11.5%。① 由此可见，寻求先进技术和知识是中国企业"走出去"的另一动因，这将推动中国国内整体产业技术升级、科技创新以及企业现代管理制度的建立。经过多年的发展，中国对外直接投资流量和存量稳居世界前三，投资遍布全球 80% 以上的国家和地区，投资行业分布广泛、门类齐全。中国也因此更加广泛而深入地融入世界市场和国际分工体系之中，与之建立起了相互依赖、彼此依存的政治经济联系。同时，随着中国企业在世界 500 强名录中的数量不断增多，越来越多来自中国的公司开始跻身全球价值链的中上游位置，彰显出更强的国际竞争力。

除了带动本国经济发展以外，中国企业"走出去"对世界的影响同样重大。第一，企业海外投资对东道国税收和就业的贡献十分明显。以 2020 年为例，中国境外企业向投资所在国缴纳税费的总额达 445 亿美元，雇用的外籍员工人数占员工总数的 60.6%，共计 361.3 万人。② 第二，中国企业通过跨国经贸活动将全球资源更加有效地整合起来，从而使中国与世界各国形成了优势互补、互利共赢的关系。例如，在亚洲经济体中，马来西亚、新加坡和菲律宾的最大贸易伙伴都是中国。2013～2017 年，中国企业对外投资额相当于马来西亚国内投资总额的 6%，新加坡的 5%。在非洲，中国是非洲的最大经贸伙伴、第一大基础设施融资来源方和重要的国外援助来源国。2007～2017 年，中国对非直接投资年均增速高达 40% 以上，主要集中在能源、房地产和基础设施建设领域。在对非直接投资的过程中，中国企业不但为本土员工提供知识和技能培训，还向当地市场输出了低价优质的新型产品和服务。③ 此外，中国企业面向一些资源丰富国家的投资活动，既缓解了本国国内资源紧

---

① 中华人民共和国商务部，国家统计局，国家外汇管理局. 2020 年度中国对外直接投资统计公报［M］. 北京：中国统计出版社，2021：26.

② 中华人民共和国商务部，国家统计局，国家外汇管理局. 2020 年度中国对外直接投资统计公报［M］. 北京：中国统计出版社，2021：5.

③ 孙辕等. 龙狮共舞：中非经济合作现状如何，未来又将如何发展？［R］. McKinsey & Company：2017：9－11.

张，也带动了相关国家的产值增长。以澳大利亚为例，2017 年澳大利亚国内总产值的 16% 都是通过向中国出口实现的。在澳大利亚对中国出口总额中，矿产和金属共占 84%，其采掘业 21% 的产出都流向了中国。① 第三，中国作为发展中国家中最大的资本输出国，中国对外投资的蓬勃发展不但能够提升自身在世界经济体系中的话语权，还将在国际社会中争取更多符合发展中经济体的权益。②

在关注中国企业"走出去"所取得的巨大成就的同时，也应当看到与美国、欧盟等发达经济体的成熟跨国公司相比，中国企业在国际化经验、经营和管理等方面存在着许多不足，集中体现在中国企业的海外营业收入水平、国际化程度和产业结构三个方面。

首先，中国跨国企业的海外营业收入水平与世界一流企业相比依然存在差距。近年来中国国内经济的腾飞使内需市场迅速扩大，根据国家统计局的数据统计，2008～2018 年，中国国内商品额和商品房销售额增加了近 300%，2018 年中国全年社会消费品零售总额高达 380987 亿元。③ 如此庞大的内需市场为中国企业提供了资本积累和高速发展的平台，一批企业的资产规模不断增长，并开始进入世界 500 强榜单。在 2019 年世界 500 强榜单中，中国企业有 119 家（未计台湾地区），在世界 500 强最赚钱的 50 家公司中，中国企业也占到了 11 个席位。这些跨国公司无疑是"走出去"中国企业中的佼佼者，然而即使是这些企业的海外营业收入占比也仅为 20% 左右。相比之下，标准普尔对 500 家美国上市公司进行考察后，发现其平均海外营业收入比例约为 43%。④

---

① 王曼. 全球其他经济体受益于中国改革开放 [N]. 中国贸易报，2019 - 7 - 9（3）.

② 郭凌威，卢进勇，郭思文. 改革开放四十年中国对外直接投资回顾与展望 [J]. 亚太经济，2018（4）：113 - 115.

③ 国家统计局. 2018 年国民经济和社会发展统计公报 [R]. 2019 - 2 - 28，http：//www. stats. gov. cn/statsinfo/auto2074/201902/t20190228_1651343. html.

④ 文中中国企业与美国企业的"海外营业收入占比"均为 2018 年的数据。其中，中国企业的数据是对中国 100 大跨国公司的统计，数据来源为国务院国有资产监督管理委员会. 2018 中国大企业发展特征分析报告 [R]. 国资报告，2018（9）；美国企业的数据来自于 Howard Silverblatt. S&P 500 2018：Global Sales [R]. S&P Dow Jones Indices，2019：3.

其次，跨国化指数（TNI）是综合考察跨国公司境外资产、境外销售额与境外雇员等指标后得出的计算结果，是衡量企业国际化程度和国际竞争力的重要指标。[①] 一般认为，跨国化指数越高，跨国公司的国际化程度就越高，对全球资源的吸纳和整合能力也就越强。西方跨国公司具有较长的发展历史，特别是在冷战结束、经济全球化的黄金时代到来之后，这些企业开始从传统跨国公司逐步转变为融入全球价值链的全球型公司。在此过程中，欧美一流跨国公司的海外资产规模、销售收入和雇员数量都在不断增长，其跨国化指数能够达到50%以上。相比之下，中国企业"走出去"的时间较短，2019年"中国跨国公司100大"的平均跨国化指数为15.96%，其境外资产占比、境外销售额占比和境外员工占比分别为16.96%、20.17%和10.74%。而同期"世界跨国公司100大"的平均跨国化指数则达到了58.07%，比中国企业高出近3倍。[②] 可见，中国跨国公司的国际化水平正处于初级发展阶段，其产业链和价值链仍以本国为主，尚未具备能够辐射全球的国际竞争力。

最后，中国跨国公司的产业结构依然停留在工业化阶段，特别是银行和房地产企业利用传统杠杆经济模式获取巨额利润的问题仍有待解决，大多数高新技术企业与美国、日本和欧盟企业相比也普遍存在不足。一般来说，当一国经济发展到一定阶段，与国民生活和生命健康相关的产业将会在国民经济中占据十分重要的位置。在发达国家的跨国公司中，均有一批民生、食品、保健和医疗类的大型知名企业，如永旺集团（日本）、达能（法国）、拜耳集团（德国）、葛兰素史克公司（英国）和雅培公司（美国）等。然而，在2019年世界500强企业中，除了中国华润有限公司（香港）和中国医药集团两家制药公司之外，几乎没有涉及上述产业的中国企业上榜，这反映出中国离后工业化阶段的产业结构仍有一段距离。此外，在国际生产分工体系和全球产业链中，

---

① 跨国化指数的计算公式为：跨国化指数 =（企业境外资产/总资产 + 境外销售额/总销售额 + 境外雇员数/总雇员数）/3 × 100%。

② 邱海峰，王俊岭. 2019 中国企业 500 强榜单显示：高质量发展势头明显［N］. 人民日报（海外版），2019 － 9 － 2（3）.

以"轻资产、高利润"为特征的高新技术企业长期占据着上游位置，高新技术将是数字经济时代企业跨国竞争和大国博弈的核心领域。但从目前来看，生产制造顶尖精密仪器的全球前 25 的企业基本来自美国、日本和德国，同时日本企业还掌握着工业机器人的三大核心技术，激光显示的投影机核心成像器件也需要依赖美国和日本技术才能成型。中国虽然已经可以生产火箭、发动机、高端机床等尖端领域的部分零部件，但生产零部件的设备中仍有很大一部分不得不依靠进口。此外，中国在光刻胶、光刻机、操作系统和芯片等诸多领域的关键核心技术也难以做到自给自足，核心技术已成为中国经济持续发展和产业升级转型的突出短板。①

第二节　中国企业投资欧美市场面临的风险分析

近年来，中国企业对外投资势头强劲，无论是总体还是单个项目的规模都相对较大，这引发了部分国家的担忧与猜疑，特别是欧美国家对中国资本的抵触情绪不断增长。② 与此同时，中国企业为提升科技创新和研发能力，促进产业转型升级，近期加大了对欧美国家高新技术领域的投资并购力度。在此背景下，2017 年以来，美国、德国、澳大利亚、英国等主要欧美国家纷纷在立法层面强化外资安全审查体系，不仅扩大对"敏感资产"的审查范围，还在审查中泛化安全概念，以保护敏感技术、数据安全和基础设施为由多次干预中国企业的投资经营活动。总体上看，外资安全审查制度作为欧美国家对中国企业设置准入壁垒的主要政策依托，已成为制约中国企业投资欧美市场的重要因素。

---

① 国务院国有资产监督管理委员会.2019 中国大企业发展特征分析报告：从世界 500 强和中国 500 强看中国企业高质量发展进程［R］.国资报告，2019 - 10 - 12，http：//www.sasac.gov.cn/n2588025/n2588139/c12355316/content.html.

② 金奇.中国国企在欧洲大举收购引发担忧［N］.金融时报，2016 - 3 - 2，http：//www.ftchinese.com/story/001066415.

一、欧美国家干预中国企业跨国投资的主要方式

国家限制外商投资的行业或持股比例，以及审查外国投资者活动的安全影响，是一项非常普遍的活动。研究国际关系的马克思主义者，如世界体系理论者伊曼纽尔·沃勒斯坦（Immanuel Wallerstein）和依附论者萨米尔·阿明（Samir Amin）很早就已从理论层面揭示了全球化和外来投资对发展中国家主权和市场的影响，并对如何"反体系"和"去依附"提出了自己的看法。[①] 总体上看，发展中国家限制外资流入的方式是较为直接和明确的，一般会在本国投资法或其他外国投资指导性法规中，通过禁止外商投资领域、设定特殊行业投资限制、复审大额投资方案等手段进行。例如，印度对待外商直接投资采用的是"负面清单"（negative list）[②] 管理模式，将外国投资划分为由印度储备银行按自动程序审核的"自动批准类"项目，以及需要经过印度外资促进署推荐和印度政府批准的"政府批准类"项目，整个外商投资审批流程较为详细、明确且具有相应的时限。此外，印度还对禁止接受外国投资的行业和限制外商投资持股上限的领域做出了严格限定，如基础设施建设（电信除外）、空运服务的外资比例可达49%，国防设备生产业经安全许可和政府批准后的外资比例可达26%，而核能、博彩业、风险基金、雪茄及烟草业则禁止外国投资者参与。[③]

尽管美国、日本、欧盟等发达经济体同样采用"负面清单"的外资管理模式，但一般只对缔结双边投资协定和自由贸易区协定的国家开放。对待非缔约国家或涉及敏感领域的投资，欧美国家常在审查过程中

---

① 参见 Immanuel Wallerstein. New Revolts Against the System [J]. New Left Revie，2002，18：29-39；Samir Amin，The Future of Maoism [M]. New York：Monthly Review Press，1982.

② "负面清单"是一种国际通行的外商投资管理办法，遵循"法无禁止皆可为"的法理原则，即除国家禁止外资进入的领域外，其余领域都对外资开放，是一国国际投资自由化的重要标志。参见王利明. 负面清单管理模式与司法自治 [J]. 中国法学，2014（5）：26-40。

③ 走出去公共服务平台. 对外投资合作国别（地区）指南-印度 [Z]. 2018：51-57，http：//fec. mofcom. cn/article/gbdqzn/index. shtml#。

将投资与"国家安全"这一较为模糊的概念关联起来，以此为政府限制外资进入提供裁量空间，这种方式与发展中国家相比往往具有更多不确定性。① 在欧美国家中，美国最早建立起一套较为完善的外资安全审查制度。近年来，在美国多次改革和收紧外资安全审查政策的同时，其他欧美国家在外资审查方面的立法建设和制度改革均体现出向美国靠拢的趋势。这些政策普遍对中国企业表现出明显的针对性，已成为欧美国家为中国企业跨国投资设置壁垒的主要方式。下面将以美国为例，考察欧美国家外资安全审查的制度内涵和演进。

　　第二次世界大战结束后，美国在很长时期内均奉行开放而宽松的国际贸易和外资监管政策，对外商投资总体保持着既不严格限制也不积极鼓励的中立态度。② 同时，美国依托压倒性的资金和技术优势，对外致力于瓦解和破除发展中国家的外资准入壁垒，并大力支持本国公司面向全球开展跨国活动，以服务于美国的世界政治经济领导权及其促进国际贸易自由化的政策目标。③ 20 世纪 70 年代末，在西欧和日本经济复苏、美国国内经济滞胀、美元大幅贬值的环境下，西欧和日本等国企业通过大规模收并购活动迅速涌入美国市场，导致外国直接投资在美国的存量在 1980 ~ 1990 年骤增 4.75 倍，由 830 亿美元增至 3949 亿美元。④ 面对这种情况，美国民族主义者的抵触心理和社会公众的忧虑情绪空前高涨，部分媒体甚至将外商投资渲染为受他国政府操纵，旨在"购买美国"、攻击美国经济的"政治行动"。特别是当大量外资进入高新技术领域的时候，美国国会和政府担忧长此以往美国将丧失在国际生产分工体系中的技术垄断和产业优势地位，并可能使美国经济对他国产生不对称依赖，最终

---

　　① 王启洋，任荣明. 投资壁垒的博弈分析及我国企业的应对策略研究 [J]. 国际贸易问题，2013 (3)：89.

　　② Leory O. Laney. The Impact of U. S. Laws on Foreign Direct Investment [J]. The Annals of the American Academy of Political and Social Science, 1991, 516：144 – 153.

　　③ Jonathan C. Stagg. Scrutinizing Foreign Investment：How Much Congressional Involvement is Too Much? [J]. Iowa Law Review, 2007, 93 (2)：325 – 327.

　　④ 美国商务部经济分析局（BEA）公布的 1980 年到 1990 年美国年度外国直接投资存量，详见 https：//www. bea. gov/international/di1 fdibal。

压缩国家对外经济政策的自主决策空间。① 基于上述考虑，这一时期美国国会议员提出了《外国投资研究法》《国际投资调查法》等多个议案，要求改革美国现行外资审查政策，加强对外商投资的监管力度。② 自此，美国外资审查制度正式进入机构建设和制度改革阶段。

1975 年时任美国总统的杰拉尔德·福特（Gerald Ford）通过 11858 号行政令，正式设立专门负责外资监管事宜的美国外国投资委员会（CFIUS）。但此后的 10 余年间，美国商务部和财政部仍然是实际负责外资审批的部门，CFIUS 的权力十分有限，更多地从事着调查监督和政策协调等事务性工作，此时的 CFIUS 几乎是一个没有任何决策和执行权的"纸老虎"。③ 20 世纪 80 年代中后期，日本经济强势崛起，赴美投资持续走高。日本在 1985～1989 年收购并购美国高新技术企业多达 200 家以上，其中规模最大的 20 起海外收购交易中，有 17 起都发生在美国。这种情况进一步激发了美国政府和民众的投资保护主义情绪以及对日本投资的警惕心理。④ 1986 年，日本富士通株式会社（Fujitsu）拟收购美国国防军事系统供应商仙童半导体公司（Fairchild Semiconductor）的 80% 股份。这一收购案直接触动了美国的敏感神经，不仅被美国政府以威胁国家安全、有损半导体行业和国防工业独立性为由加以拒绝，更成为 1988 年《埃克森—弗洛里奥修正案》（Exon‑Florio Provision）出台的导火索。⑤

针对外资大规模涌入美国所引发的疑虑，为防止关键行业或技术由外资控制，在平衡各方意见之后，时任美国总统罗纳德·里根（Ronald

---

① 郑雅方. 美国外资并购安全审查制度研究 [M]. 北京：中国政法大学出版社，2015：29.

② 吴其胜. 美国外资安全审查的政治化及其应对 [J]. 美国问题研究，2013（2）：132.

③ Paul Connell and Tian Huang. An Empirical Analysis of CFIUS：Examining Foreign Investment Regulation in the United States [J]. Yale Journal of International Law，2013，39（1）：136.

④ 傅高义. 日本第一：对美国的启示 [M]. 谷英，译. 上海：上海译文出版社，2016：3‑18.

⑤ Amy S. Josselyn. National Security at All Costs：Why the CFIUS Review Process may have Overreached Its Purpose [J]. George Mason Law Review，2014，21（5）：1351.

Reagan）于 1988 年签署《综合贸易与竞争力法》。同时，该法第 5021 条款《埃克森—弗洛里奥修正案》也获得通过，这一修正案赋予美国总统限制、暂停或禁止任何威胁美国国家安全的外国投资活动的权力。随后，里根总统将此项权力正式授予 CFIUS，并将调查和审批外国投资潜在安全影响的工作一同交由 CFIUS 负责。这标志着 CFIUS 开始成为能够"对上建议、对下审查"，掌握执行审批权的实权机构。[①]《埃克森—弗洛里奥修正案》是美国外资安全审查常态化和制度化的开端，由于这一修正案既没有对"国家安全""可靠证据"等关键概念做出清晰界定，也没有列出评判外资是否"构成威胁"的标准，使得美国总统和 CFIUS 对外资进行审查时具有相当大的自由裁量权。[②]

1990 年，中国航空技术进出口总公司收购美国商用飞机金属部件制造商马姆科公司一案遭到美国总统否决。1992 年法国汤姆逊—GSV 公司收购美国林——特姆科—沃特公司导弹及航空部门一案被 CFIUS 认定对美国国家安全构成威胁。在这两桩直接或间接与外国政府挂钩的跨国收购案的推动下，美国国会于 1993 年出台《伯德修正案》。这一修正案特别将涉及"特定国家"[③]和"国家安全技术"的外国投资列为重点安全审查对象，并明确将具有外国政府背景的投资和外国私人性质的投资项目加以区别监管。[④]此举极大加强了对"外国政府控制"或"代表外国政府"的外国企业投资活动的审查力度，致使国有性质的跨国公司赴美投资严重受限。

20 世纪末期，日本进入"泡沫经济"时代，对美投资锐减，美国则因信息技术革命而走出经济低迷，其外资安全审查制度也因此呈现出相对松缓的状态。然而，2001 年"9·11"事件发生后，国家安全迅速

---

① 翟东升，夏青. 美国投资保护主义的国际政治经济学分析——以 CFIUS 改革为案例 [J]. 教学与研究，2009（11）：60.

② 孙效敏. 论美国外资并购安全审查制度变迁 [J]. 国际观察，2009（3）：69.

③ "特定国家"主要指的是美国 1977 年《出口管理法》和 1978 年《防止核扩散法》中认定的，支持恐怖主义、导弹和生化武器扩散以及核扩散的国家。

④ 鲁林. 美国对外来投资国家安全审查制度述评 [J]. 现代国际关系，2013（9）：21.

上升为美国政治的核心议题。同时，2005 年中国海洋石油公司并购美国优尼科石油公司、2006 年迪拜港口世界公司收购英国 P&O 公司在美 6 个港口经营权等大额跨国投资案再次激发了美国政府和社会的强烈抵触情绪。美国国土安全部、国防部等安全部门批评 CFIUS 对外资审查时间太短、提起审查少，在保障美国国家利益方面有所失职，并要求国家加强对能源资源和基础设施等领域的外资监管力度。面对国会和民众的双重压力，尽管当时的乔治·沃克·布什（George Walker Bush）政府希望维持开放性的外资政策以促进国内就业，但仍然相继出台了 2007 年《外国投资与国家安全法》（FINSA）和 2008 年《关于外国人合并、收购和接管规定》，其中新增了国土安全因素（如关键基础设施、关键技术）、与美国反恐合作情况等国家安全考量要点。[①] 此后，美国外资安全审查制度继续收紧，其原则、范畴和程序进一步细化，审查过程更为漫长繁杂，CFIUS 的审查职责、权限和范围以及国家安全概念也得到了强化和拓展。[②]

2017 年，特朗普就任美国总统后，在"美国优先"执政理念的影响下，其对外经济政策呈现"逆全球化"和保护主义色彩。尽管特朗普政府将吸引外资视为振兴美国经济、刺激国内就业的重要手段，并多次表示欢迎跨国公司赴美投资，但其对外资的审查力度明显高于往届政府，特别是对高新技术领域的外商投资持格外谨慎的态度。在此背景下，美国加速开展对《外国投资与国家安全法》的修订工作，并于 2018 年 7 月在参众两院以高票通过继续收紧外资监管政策的《外国投资风险审查现代化法案》（Foreign Investment Risk Review Modernization Act，FIRRMA）。这一新法案根据国际形势的变化调整和扩充了对外资是否存在安全风险的判断标准，将关键基础设施、核心技术和敏感信息

---

① 孙哲，石岩. 美国外资监管政治：机制变革及特点分析（1973－2013）[J]. 美国研究，2014（3）：45－46.

② Xingxing Li. National Security Review in Foreign Investments: A Comparative and Critical Assessment on China and U. S. Law and Practices [J]. Berkeley Business Law Journal, 2015, 13 (1): 260－262.

列为美国外资审查的重点关注领域，并对特定交易实施强制申报制度。① 此外，法案除了继续强化审查具有外国政府背景的跨国投资外，还提出"特别关注国家"的概念，要求 CFIUS 对来自相关国家的企业采取更为严苛的安全审查。② 同时，《外国投资风险审查现代化法案》将 CFIUS 的管辖范围扩大到部分敏感行业的非控制性（股权比例小于10%）投资，并为 CFIUS 增添了在外资审查期间中止交易和免除某些交易受审的权限。③

自 CFIUS 成立以来，美国外资安全审查制度共经历了 4 次立法改革（见表 2 - 3），但对"国家安全""核心技术""关键基础设施"等重要概念始终保持着宽泛而模糊的解释。这种做法保证了 CFIUS 的自由裁量权，却为赴美投资经营的企业增添了政策风险。与此同时，CFIUS 作为美国对外资实施安全审查的核心机构，其监管范围与职权在历次改革中不断扩充，相关申报费用和审核时限也与日俱增，以上皆反映出美国对外资管制持续收紧的政策走向。

表 2 - 3　　　　美国外资安全审查制度历次改革要点

政策法规	审查范围	审查程序	CFIUS 权限
1975 年 11858 号行政令	影响美国重大利益案件	无明确审查程序	收集和分析外国投资信息
1988 年《埃克森—弗洛里奥修正案》	在原有基础上新增：（1）国防、军事和安全技术相关交易；（2）外国政府控制的交易	（1）企业主动申报为主；（2）正式确立审查程序（最长 90 天）	在原有基础上新增：（1）执行外资安全审查；（2）强制审查部分交易；（3）向总统建议是否阻止交易
1992 年《伯德修正案》			

---

① 刘斌，潘彤. 美国对华投资并购安全审查的最新进展与应对策略 [J]. 亚太经济，2019（2）：101 - 111.

② 佟家栋. 中美战略性贸易战及其对策研究 [J]. 南开学报（哲学社会科学版），2018（3）：2.

③ 李巍，赵莉. 美国外资审查制度的变迁及其对中国的影响 [J]. 国际展望，2019（1）：54 - 56.

政策法规	审查范围	审查程序	CFIUS 权限
2007 年《外国投资与国家安全法》	在原有基础上新增：（1）控制性并购交易；（2）涉及关键技术、关键基础设施的并购交易	（1）企业主动申报为主；（2）基本维持原有审查程序	在原有基础上新增：（1）对任意外资交易启动审查；（2）变更已有审查结果、再次审查已批准交易；（3）强制已完成交易剥离资产
2018 年《外国投资风险审查现代化法案》	在原有基础上新增：（1）涉及关键技术、关键基础设施和敏感数据的非控制性投资；（2）外国政府持有"实质性利益"的交易；（3）能够获得美国企业非公开技术信息、重大业务决策权的交易；（4）特定不动产交易	（1）主动申报、强制申报、识别规避性交易并重；（2）延长审查程序至最长 120 天；（3）对部分交易收取申报费用	在原有基础上新增：（1）惩罚规避性交易；（2）中止交易权；（3）豁免某些交易的审查；（4）施加和监督缓解协议

资料来源：根据公开资料整理。

二、欧美国家外资安全审查制度的发展趋势

近年来，东道国监管和审查外国投资的行为变得更为普遍。仅 2011 ~ 2019 年，世界各国就对现有外资审查制度至少进行了 41 项重大修订，并有 11 个国家建立了新的审查框架。以 2018 年为例，从全球约 55 个国家和经济体出台的至少 112 项与外国投资相关的政策措施来看，尽管促进国际投资贸易自由化和便利化仍是各国外资政策改革的主流，但仍有 34% 的政策措施是为限制外商投资或加强外资监管而设立的，该比例是 2008 ~ 2018 年的最高水平（见图 2 - 4）。受这一政策趋势影响，2018 年全球宣告失败的跨国并购交易额超 5000 万美元，至少有 22 笔交易因东道国政府干预或其他政治原因而被迫中止，同比增长 100%，其中 9 笔交易明确因涉及安全因素被叫停。① 目前来看，全球已开始推行系统外资审查

① 联合国贸易和发展会议.世界投资报告 2019：要旨和概述［R］.15 - 17.

监管制度的国家至少有 24 个，并且主要集中在欧美国家。

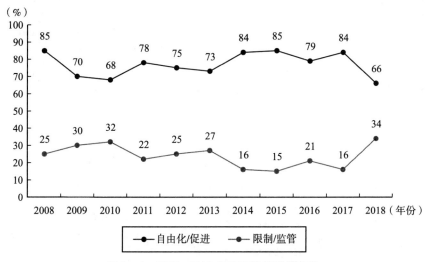

图 2－4　2008～2018 年国家投资政策变化

资料来源：根据联合国贸易和发展会议发布的 2009～2019 年《世界投资报告》（World Investment Report）整理得出，详见 https：//worldinvestmentreport. unctad. org/。

自 2008 年金融危机以来，以美国为首的欧美国家呈现出越来越明显的逆全球化倾向，其贸易保护措施不断增多，对外国资本的态度更为审慎，安全审查也日趋严苛。特别是 2017 年以来，欧美国家相继出台了多项拟加强外资审查和监管的政策法规，已表现出外资安全审查泛化的倾向。[①] 除美国 2018 年通过的《外国投资风险审查现代化法案》之外，英国议会 2018 年批准修订的《2002 年企业法》中降低了政府介入外资审查的门槛，并特别强调关注高科技领域的投资；德国于 2017 年和 2018 年两次大幅修订《对外经济条例》，赋予德国经济部禁止或限制外国投资的权力；2017 年 2 月，德国、法国和意大利 3 国联名致信欧盟委员会，呼吁尽快在欧盟层面创建统一的外资安全审查机制。[②] 2019 年

[①] 张宇燕. 全球投资安全审查趋紧，国际投资格局面临重构 [J]. 国际金融研究，2019（1）：8.

[②] 石岩. 欧盟外资监管改革：动因、阻力及困局 [J]. 欧洲研究，2018（1）：122－123.

3 月，欧盟理事会批准《关于建立欧盟外国直接投资审查框架的条例》（以下简称《欧盟外资审查条例》），首次将欧盟作为整体构筑起外资安全审查框架，并重点指向非欧盟国家企业面向欧盟战略性产业、重大前沿技术以及其他安全利益相关领域的跨国投资。

具体来说，欧美国家大多以维护国家安全、保护公共利益为由收紧外资安全审查政策，其改革重点和趋势主要体现在以下三个方面：

第一，泛化外资安全概念，增加裁量空间。起初，在投资政策中使用安全论调的目的主要是用于限制或禁止外资参与国防军事工业，之后逐渐扩展到保护关键基础设施以及能源、资源等战略性产业。随着新工业革命和数字经济时代大国竞争的内容从国防军事向高新技术领域延展，外资安全越来越多地与影响国家竞争力的核心技术、知识产权和高端制造业联系在一起，甚至延展到金融、网络通信、新闻传媒等服务性行业。例如，2017 年美国颁布了《外国投资风险审查现代化法案》，其中将判断外资是否影响国家安全的因素扩展到 12 条，涉及国防、情报、能源、材料、通信、航空、敏感数据、核心技术、基础设施和人工智能等诸多领域。[①] 然而，尽管美国一再扩展外资安全的内涵，但始终未曾对这一关键概念做出清晰界定，大多使用"包括但不限于"等词汇来描述法案中列出的判断依据。从其他欧美国家的外资安全审查法律法规以及欧盟区域层面的《欧盟外资审查条例》来看，其措辞和态度与美国是基本趋同的。

第二，降低安全审查门槛，拓宽审查范围。在美国《外国投资风险审查现代化法案》发布之前，CFIUS 对外资的审查和管辖权基本被限定在以收购控制权为目的的控制性投资活动[②]之内。《外国投资风险审查

---

① The White House. Remarks by President Trump on the Administration's National Security Strategy [N]. 2017 – 12 – 18，https：//www. whitehouse. gov/briefings – statements/remarks – president – trump – administrations – national – security – strategy/.

② 控制性投资一般指的是由外国投资者实施的，旨在获取东道国某家企业控制权的投资交易。在此基础上，通常认为非控制性投资包括持股比例小于 10% 的投资交易，以及投资者在主观上不以干预或控制目标企业为投资目标的"消极投资"。参见 Jingli Jiang and Gen Li. CFIUS：For National Security Investigation or for Political Scrutiny [J]. Texas Journal of Oil，Gas and Energy Law，2013，9（1）：67 – 100.

现代化法案》将涉及特定不动产交易、个人敏感信息、关键技术和关键基础设施四种类型的非控制性投资一并纳入审查范围之中，外商针对上述领域企业发起的任何控制权的变化（包括不发生新投资交易的股权变动、持股比例小于 10% 的交易以及部分以基金方式参与的投资）都需要接受安全审查。这一措施意在杜绝此前部分跨国公司试图通过小股权投资规避 CFIUS 安全审查的行为。除美国外，英国在《国家安全与投资》白皮书中取消了此前《2002 年企业法》只对高于 25% 市场份额的并购实施安全审查的限定，并规定针对涉及国防、媒体和金融等"特定领域"的外国投资，英国政府干预的门槛将从 7000 万英镑大幅下调到 100 万英镑。此外，德国对其《对外经济法》进行修订后，将非欧盟国家企业通过在欧盟国家设立公司、意在间接并购德国公司的投资活动纳入安全审查范畴，并对非欧盟企业并购德国特定目标企业（包括军工研发、软件生产、关键基础设施以及大众传媒等）股权份额超过 10% 的交易启动安全审查。① 如此，欧美国家通过放松对政府介入外资交易的金额和股权份额限制，以及加强针对跨行业、特殊行业、特殊国家外资管控等方式进一步拓宽了外资安全审查的覆盖网。

第三，扩大安全审查部门权限，细化审查工作流程。欧美国家外资政策改革的重点还集中体现在给予外资安全审查相关部门更大权限，并为其提供更多程序、时间和资金上的便利。仍以美国《外国投资风险审查现代化法案》为例，法案将此前以企业自愿申报为原则的安全审查机制变更为强制审批制。除仍然强制具有"外国政府背景"的企业超过 25% 股权的对美投资申报以外，审查部门还可以基于自由裁量权要求其他类型的交易接受调查和审批，这意味着 CFIUS 在行使职权时由被动转变为主动。同时，该法案还延长了 CFIUS 的审查时限，将初期审查阶段由 30 天延长至 45 天，并规定可在调查期遇到"特殊情况"时增加 15

---

① 王宇鹏. 欧美加严外资安全审查的趋势特点和分析建议［J］. 国际贸易，2018（5）：29.

天的额外审查期,由此审查期限便从之前的 90 天增至 120 天。① 除美国外,英国和德国也已通过改革将外资审查的时限延长至 3~4 个月。② 此外,CFIUS 被授权对提交书面通知的项目收取高昂的"反向分手费"③,申报费用按照浮动费率计算,不超过交易金额的 1% 或 30 万美元即可。④ 在跨国交易案快速增多情况下,这些举措减缓了东道国安全审查部门的人力和时间压力,却无疑增加了外国企业的交易成本和合规风险,反映出欧美国家对外资采取的更为严厉和审慎的态度。

三、欧美国家非市场性风险上升对中国企业的影响

近年来欧美国家纷纷收紧外资政策,中美、美欧国际贸易摩擦频繁,为全球经济运行增添了紧张气氛。美国作为世界上最大的外资输出国和投资目标国,其日趋严苛的外资安全审查制度不仅直接影响跨国公司赴美投资经营,还会因其制度调整的外溢效应而对其他国家外资政策趋向和全球资本流动产生深刻影响。在此背景下,跨国公司不得不更加谨慎地预判非市场性风险和投资前景,许多企业已经推迟或削减了跨国投资的计划和规模,导致全球外国直接投资额连续多年下滑。从当前欧美国家外资安全审查制度的改革成果来看,与外国政府关联的企业,以及面向高新技术、基础设施和能源资源等敏感领域的投资几乎是欧美国家重点审查的对象,这将对中国企业的海外活动产生诸多负面影响。

首先,就欧美国家整体营商环境而言,虽然各国新近出台的外资审

---

① U. S. Department of the Treasury. Summary of the Foreign Investment Risk Review Modernization Act of 2018, https: //home. treasury. gov/system/files/206/Summary – of – FIRRMA. pdf.

② 胡子南. 英法德三国收紧外商投资安全审查监管研究 [J]. 国际论坛, 2021 (6): 87 – 102.

③ 国际投资交易中的"反向分手费"指的是买方终止协议需要向卖方支付的费用,可因多种因素触发,投资活动无法获得东道国安全审查部门批准是因素之一。

④ U. S. Department of the Treasury. The Foreign Investment Risk Review Modernization of Act of 2018 (FIRRMA). Sec. 1722, https: //home. treasury. gov/sites/default/files/2018 – 08/The – Foreign – Investment – Risk – Review – Modernization – Act – of – 2018 – FIRRMA_0. pdf.

查办法中并不存在直接阻挠中国的条款，但它们加强监管和限制中国投资的意图已十分明显，这将使中国企业不得不面临更为复杂的市场环境。从西方国家外资安全审查制度的演进过程来看，每逢有大额外资涌入敏感领域的交易案出现，东道国政府时常会借助其国内民族主义情绪的反弹力量开展政策调整。① 近年来，随着对外投资蓬勃发展，中国先进技术和高端产业的竞争力也在逐步攀升，在 5G 和人工智能等新兴领域的发展水平已经接近甚至赶超欧美国家。欧美国家在此情势下开展的外资政策改革，无一不将加大对中资交易的监管力度作为重要议题。这导致仅 2016 年就有 10 笔总额约 590 亿美元的中国对美投资收购计划，以及 20 笔总计约 163 亿美元的中国对欧洲企业的投资收购计划因安全审查而搁浅，交易总额已逾 750 亿美元。② 2017 年，特朗普上台后不久便提出美国原有外资安全审查因主要针对传统投资模式展开而存在诸多漏洞，使得中国企业经常采取降低投资比例或成立合资公司的方式来规避 CFIUS 审查。针对这一情况，美国随后出台的《外国投资风险审查现代化法案》通过降低审查门槛、泛化外资安全概念等方式扩大安全审查范围，并格外关注中资交易。此外，美国不仅致力于限制中国企业赴美投资，还多次以第三方身份干预中国与他国的跨国交易致使交易失败。③

其次，在中国"走出去"的行为主体中，国有企业投资欧美的活动将变得尤为困难。虽然欧美国家外资安全审查制度经历了多次改革，

---

① Randall Schweller. Opposite but Compatible Nationalisms: A Neoclassical Realist Approach to the Future of US – China Relations [J]. The Chinese Journal of International Politics, 2018, 11 (1): 25.

② 克莱尔·琼斯、哈维尔·埃斯皮诺萨. 2016 年中国逾 750 亿美元海外交易被取消 [N]. 金融时报, 2017 – 2 – 6, http://www.ftchinese.com/story/001071251？archive.

③ 例如, 2015 年 5 月, 中资财团 Go Scale Capital 拟以 28 亿美元收购荷兰皇家飞利浦公司（Royal Philips）旗下 LED 和汽车照明组件生产商亮锐商贸公司（Philips Lumileds）约 80.1% 的股权, 双方已宣布交易达成, 只待监管机构批准。由于亮锐商贸在美国拥有多个生产制造和研发基地, 因此需要经过 CFIUS 的审查。2016 年 CFIUS 否决了这一交易, 以国家安全为由反对荷兰公司将敏感度较低的照明业务出售给中资财团, 令该笔收购案意外落空。此外, 2016 年底, 中国福建宏芯投资基金收购德国半导体制造商爱思强（Aixtron）一案也因美国介入而失败, 德国政府称撤回对本案无异议的决定是应美国要求和 CFIUS 的评估建议。

改革侧重点各有不同，但严查"外国政府控制或代表外国政府"的投资交易一直是各国安全审查的核心内容。一般来说，国际通行的投资争端解决机制在认定国际投资者属性时，通常以投资者的"经营权"归属作为判断依据，更强调企业实际的经营行为。① 然而，当前欧美外资安全审查制度大多在这一点上进行了碎片化、主观化的处理，并未采用"经营权"或"所有权"作为评判投资者属性的指标，而是利用"控制说"等措辞刻意模糊判定标准，意在增加安全审查的裁量空间。这意味着不仅达到政府干预门槛（一定股权比例或投资金额）的国有企业投资几乎无一例外都需接受安全审查，就连公司股权构成中含有国有资本、享有国家补贴甚至企业治理透明度较低的外国投资者均可能被认为受到母国政府影响。② 目前来看，美国对国有企业的审查已经细化到要求企业提供高管是否曾在军队或政府部门任职的详细信息，并以此作为评判跨国公司与母国政府关系的一项指标。欧盟在《欧盟外资审查条例》中也明确提出将投资者是否受非欧盟国家政府控制或接受政府资助作为安全审查的考察因素。③ 上述举措反映出，欧美国家已经开始将对中国国有资本的担忧情绪转化为切实的限制性政策。对于长期在中国对外直接投资中发挥主力军作用的国有企业来说，这些政策无疑将会使其在欧美国家面临更为严苛的安全审查。

最后，从中国对外投资经营的行业类型来看，涉及核电、芯片制造和人工智能等高新技术领域的投资将会成为欧美国家的重点防范对象。高新技术的影响力不仅正在迅速从生活领域向生产领域扩散，还越来越多地应用于国防军工等产业，这使得欧美国家无论是出于维护国家安全还是保持技术领先的目的，都将严防高新技术领域的外国投资。例如，

---

① 余劲松.国际投资条约仲裁中投资者与东道国权益保护平衡问题研究［J］.中国法学，2011（2）：132－143.

② 屠新泉，周金凯.美国国家安全审查制度对中国国有企业在美投资的影响及对策分析［J］.清华大学学报（哲学社会科学版），2016（5）：78.

③ 张怀岭.欧盟双轨制外资安全审查改革：理念、制度与挑战［J］.德国研究，2019（2）：73.

美国早在 2011 年就已将关键技术领域列为外资安全审查的重要方面，现已要求多达 27 个技术敏感行业的外资必须向 CFIUS 报备并提交书面申请，这些行业约占美国全体工业类型的 2.5% ;① 英国在 2017 年要求对涉及关键技术且具有"至关重要功能"领域的投资实施强制申报制度；加拿大也在最新外资投资指引中，将高新技术列为可能引起审查的投资类型。②

---

① 相关行业包括飞机制造、飞机引擎和零部件制造、石油化工、计算机存储设备制造、光学设备和镜头制造、广播电视和无线通信设备制造、生物技术研发、纳米科技、存储电池制造、半导体和相关设备制造等。详见 Kate O'Keeffe. Treasury Spells Out New Rules on Foreign Deals Involving U. S. Technology [N]. The Wall Street Journal, 2018 – 11 – 11.

② 项松林. 外资国家安全审查制度为何是最后一道"防线"[J]. 中国外资, 2019 (3): 92 – 93.

第三章

中国企业投资欧美市场准入壁垒的解释框架

在信息技术革命和数字经济时代，高新技术正在成为国家经济增长的核心驱动力，世界大国无一不将发展尖端科技和高端制造业视为占据国际竞争优势地位的重要途径。与此同时，中国企业作为国家科技创新和产业升级的践行者，其对外投资的步伐日益加快。除了通过跨国并购学习和引进先进技术外，多家一流企业已实现技术"走出去"，以"绿地投资"的方式开展国际生产经营活动。然而，随着欧美国家不断收紧外资安全审查政策，中国企业投资欧美市场的难度和不确定性都将大幅提升。应当明确的是，外资安全审查制度虽然是国家管控外国资本的主要手段，但其本质反映的则是国家对外经济的政策取向。因此，为解释本书的研究问题，即欧美国家应对中国企业跨国投资的不同政策态度，应在充分了解国家对外经济政策相关理论的基础上，从不同研究层次筛选变量，进而构建起一个国际政治经济学的解释框架。

第一节　影响准入壁垒的国家经济政策因素

20 世纪 70 年代，跨国公司逐渐成为影响国际政治经济的关键力量，并为国际社会传统的权力与财富关系带来了全新挑战。跨国公司在自身发展壮大的同时不断冲击着国际经济学与政治学之间的学术壁垒，让学者们意识到单纯依靠经济学或政治学理论，已经无法全面理解世界政治与经济相互作用的现实。也正是在这一时期，国际政治经济学开始在美国和欧洲兴起，① 并迅速成长为国际关系学的重要研究领域和分支学科，可以说国际政治经济学与跨国公司的发展几乎是同步的。② 国家应对企业跨国经济活动的政策反应同样是多种因素综合作用下的结果，集中反映出政治力量与经济行为之间的相互作用。为什么一国政府有时会积极接纳跨国公司投资，有时又会为跨国投资设置政治壁垒？为什么不同国家面对同一企业投资时，会采取不同的对外经济政策？两国经济关系表现为冲突抑或合作是由哪些因素决定的？对这些问题的回答应当归属于国际政治经济学的研究范畴。③ 当然，对不同国家的对外经济政策进行比较研究时，还需要借鉴比较政治经济学（comparative political economy）的知识。④ 在设计理论框架之前，可以借助层次分析法对体系、国家和社会三个层次上影响国家对外经济政策的政治和经济因素加以区分，进而根据分析结果确定研究视角并发掘解释变量。

一、体系结构与国家对外经济政策

层次分析法（level of analysis）是国际关系学最基本的研究方法之

---

① 有关国际政治经济学建立初期在美国和欧洲的发展情况，可参见 Robert A. Denemark and Robert O'Brien. Contesting the Canon：International Political Economy at UK and US Universities [J]. Review of International Political Economy，1997，4（1）：214 – 238.

② Lorraine Eden. Bringing the Firm Back in：Multinationals in International Political Economy [J]. Millennium – Journal of International Studies，1991，20（2）：197 – 224.

③ 曲博. 危机下的抉择——国内政治与汇率制度选择 [M]. 上海：上海人民出版社，2012：17.

④ 在国家经济政策研究领域，比较政治经济学的研究重点是国家对内经济政策，主要考察同一时期内不同国家，或同一国家在不同时期管理国内经济事务的模式，更关注国内层次上国家与市场、权利与财富的政治经济互动关系。本书关注的是不同国家或同一国家在不同时期对待跨国公司外来相似投资的政策反应，再考虑到跨国公司的跨国行为体属性及其国际政治经济角色，应将研究问题主要限定在国际政治经济学的研究范畴。有关国际政治经济学和比较政治经济学的异同，参见朱天飚. 比较政治经济学 [M]. 北京：北京大学出版社，2005；朱天飚. 国际政治经济学与比较政治经济学 [J]. 世界经济与政治，2005（3）：44 – 49.

一。早在 1959 年，沃尔兹在《人、国家与战争》一书中就提到了人、国家和国际体系"三个意象"理论。[①] 戴维·辛格（David Singer, 1961）最早将层次分析法以方法论的形式提出，并认为只有综合分析国际体系和国家两个层次的因素，才能理解国家外交政策和国际关系。[②] 詹姆斯·罗西瑙（James Rosenau, 1966）关注到国内事务与国际政治之间的连锁影响，并呼吁建立国内与国际的联系政治框架。他进一步指出对外政策研究的五个层次是体系、社会、政府、角色和个体。[③] 随后，布鲁斯·拉西特和哈维·斯塔尔（Bruce Russett & Harvey Starr, 2001）在罗西瑙的基础上，从宏观到微观更系统地区分了世界系统、国际关系、国内社会、国家政府、决策者角色以及决策者个人六个层次。[④]

具体到对外经济政策研究领域，杰弗里·弗里登和戴维·莱克（Jeffry Frieden & David Lake, 2003）同样基于研究层次和单元，提出已有研究在分析国家对外经济政策时，无论是侧重于探究政府决策对经济运行影响，还是试图考察经济力量如何制约政府决策，都可归结为国际政治、国际经济、国内政治和国内社会四种解释模式。这四种模式分别认为，国际体系中的权力分配格局、国际市场和经济力量、国内各利益主体互动以及社会利益集团偏好是影响国家对外经济政策的核心因素。[⑤] 王正毅（2001）指出，对外经济政策研究集中反映国际政治经济

① Kenneth N. Waltz. Man, the State and the War: A Theoretical Analysis [M]. New York: Columbia University Press, 2001.

② J. David Singer. The Level – of – Analysis Problem in International Relations [A]. in Klaus Knorr and Sidney Verba (eds.). The International System: Theoretical Essays [C]. New Jersey: Princeton University Press, 1961: 77 – 92.

③ James N. Rosenau. Pre – Theories and Theories and Foreign Policy [A]. in R. Barry Farrel (ed.). Approaches to Comparative and International Politics [C]. Evanston: Northwestern University Press, 1966: 29 – 92; James N. Rosenau. Toward the Study of National – International Linkages [A]. in James N. Rosenau (ed.). Linkage Politics: Essays on the Convergence of National and International Systems [C]. New York: Free Press, 1969: 44 – 63.

④ 布鲁斯·拉西特、哈维·斯塔尔. 世界政治 [M]. 王玉珍，译. 北京：华夏出版社 2001: 11 – 14.

⑤ Jeffry A. Frieden and David A. Lake (eds.). International Political Economy: Perspectives on Global Powers and Wealth [C]. Beijing: Peking University Press, 2003: 1 – 9.

和国内政治之间的相互作用，并形成了以体系、国家、社会和行业间要素流动为中心的四种具体研究路径。① 可以看出，当前基于层次分析法探讨国家对外经济政策的研究成果数量众多，已涵盖国际体系、国家、官僚机构和国内社会等多个层次。这反映出学术界并不缺乏对这一问题的关注和解释，反而在某种程度上存在着理论供给过度的问题。② 因此，上文回顾和区分现有分析层次的目的不在于发展更为新颖和细致的解释层次，而是倾向于以具体问题为导向进行跨越层次的变量选取和理论整合。

体系层次理论是国际关系学中最为精致的理论，现实主义、自由主义和建构主义三大国际关系主流范式均是以体系理论的面貌出现的。三者都认同国际体系的"无政府状态"，但又分别认为体系层次的权力结构、国际制度和文化观念结构是制约和塑造国家对外行为的根本性力量。③ 具体到国际政治经济学领域，无论议题属于"高政治"还是"低政治"，都不应在研究中刻意淡化或压制国际体系要素，否则将使国际政治经济学面临被比较政治经济学甚至政治经济学取代的风险。④ 因此，尽管冷战后国际关系的研究层次出现了明显的回落趋势，但以体系为中心依然是国家对外经济政策研究的核心路径之一。

对大多数体系论者而言，国际政治经济体系的结构性特征是格外重要的。他们将体系动因视为塑造国家对外经济行为的决定性因素，认为一国在国际政治经济体系中相对于其他国家的位置决定了其对外经济政策。当体系结构发生变化时，国家很可能会对本国对外经济政策进行大幅度调整，以此来回应国际政治经济体系中出现的新机遇或

---

① 王正毅. 全球化与国际政治经济学：超越"范式"之争 [J]. 世界经济与政治，2010 (10)：5.

② G. John Ikenberry. Introduction [A]. in G. John Ikenberry (ed.). American Foreign Policy: Theoretical Essays [C]. New York: Longman, 2002：7.

③ 秦亚青. 权力·制度·文化——国际政治学的三种理论体系 [J]. 世界经济与政治，2002 (6)：5 - 10.

④ Jonathan Kirshner. The Second Crisis in IPE Theory [A]. in Nicola Phillips and Catherine Weaver (eds.). International Political Economy: Debating the Past, Present and Future [C]. London: Routledge, 2011：204.

新挑战。[①] 遵循这一逻辑，不同学派分析国家对外经济政策时的侧重点各不相同。例如，制度主义者强调国际制度对国家行为的约束作用；结构现实主义者认为权力结构变化是引发世界市场结构和国家经贸政策发生变动的根本原因；自由主义者注重生产要素跨国流动带来的相互依赖和跨国关系对国家决策偏好的影响；马克思主义者则认为国家对外经济政策受制于资本主义世界体系中心和边缘的结构性特征。[②] 可见，无论学者们在体系层次提取出的结构因素究竟是权力分布、财富关系、制度化水平还是文化观念，在以体系为中心研究国家对外经济政策的路径下，国际政治经济体系的结构性特征都是一项无法回避的要素。

在一些国际政治经济学学者眼中，体系中的财富结构和权力结构一样重要，财富结构具体体现为国家在世界市场中的位置，被视为影响国家对外经济行为和政策偏好的决定性因素。相关理论认为，当国家在国际政治经济体系中占据优势地位时，为了维护长远利益，即使承担短期自我牺牲也愿意尽力建立和维护开放自由的世界经济秩序。反之，当国家逐渐丧失绝对优势时，不仅会降低供应全球公共产品和维护市场开放的意愿，[③] 其国内的经济民族主义和保护主义还极有可能主导对外经济政策取向。[④] 上述观点为解释国家对外经济政策提供了十分简约的理论框架，尤其适用于分析美国以及其他在国际经济体系中处于相对优势地位的西方国家对外经济政策，并有助于理解 2008 年金融危机以来中美实力对比格局变化的背景下，美国对外经济政策收紧、外资安全审查制

---

① 约翰·奥德尔. 美国国际货币政策 [M]. 李丽军，李宁，译. 北京：中国金融出版社 1991：20.

② 李巍. 体系·社会·国家——美国对外经济政策的三种研究路径 [J]. 国际观察，2008（1）：72 – 73.

③ 刘丰. 美国霸权与全球治理——美国在全球治理中的角色及其困境 [J]. 南开学报（哲学社会科学版），2012，(3)：14 – 15.

④ Charles P. Kindleberger. Dominance and Leadership in the International Economy：Exploitation，Public，Goods，and Free Rides [J]. International Studies Quarterly，1981，25（2）：242 – 254；Barry Eichengreen. Hegemonic Stability Theories of the International Monetary System [A]. in Jeffry A. Frieden and David A. Lake（eds.）. International Political Economy：Perspectives on Global Powers and Wealth [C]. Beijing：Peking University Press，2003：220 – 224.

度趋严的政策走向。然而，大部分体系理论对国内政治因素进行了人为隔离，这导致体系结构与国家政策之间的因果链条模糊不清，特别是涉及到某些短期内的具体政策时，这种缺陷将更为明显。正如罗伯特·基欧汉所言，在构建复杂理论之前，体系理论可以提供一些简明有力的解释，这将成为后续研究的关键起点。但最终我们仍需将体系层次与其他分析层次结合起来。①

二、相互依赖与国家对外经济政策

20 世纪 70 年代初期，美国的经济领导力显现出颓势，布雷顿森林体系逐步瓦解。与此同时，国家间的经济联系却在不断深化。在此背景下，现实主义者仍在争论何种权力结构能够维持国际体系的稳定，而自由主义者已经开始关注体系中的非国家行为体和非物质性权力因素。罗伯特·基欧汉、约瑟夫·奈和爱德华·莫尔斯（Edward Morse）等学者注意到跨国关系以及跨国行为体在国际事务中日益增长的影响力，认为世界市场和跨国公司的兴起逐步削弱了国家在体系中的力量，使以权力政治为核心的传统国际体系发生了变革。② 因此，他们对长期主导国际关系研究的"国家中心分析法"提出质疑，并放弃了国家是国际关系唯一行为体的假定，开始将跨国公司、国际组织以及革命运动组织等非国家行为体作为核心分析对象展开理论研究。随之而来的跨国主义和相互依赖理论等相关理论成果也对坚持以国家为中心的传统现实主义理论发起了挑战。③

---

① Robert O. Keohane. The Theory of Hegemonic Stability and Changes in International Economic Regimes, 1967 – 1977 [A]. in Robert O. Keohane（ed.）. International Institutions and State Power: Essays in International Relations Theory [C]. Boulder: Westview Press, 1989: 80.

② Edward L. Morse. Modernization and the Transformation of International Relations [M]. New York: Free Press, 1976.

③ 基欧汉和奈曾为《国际组织》（*International Organization*）杂志编纂跨国关系相关研究的专辑，并出版成书。参见 Robert O. Keohane and Joseph S. Nye（eds.）. Transnational Relations and World Politics [M]. Cambridge: Harvard University Press, 1972.

相互依赖理论是自由主义者在体系层次上建构起的理论，主要聚焦于国际体系中国家之间、不同国家的行为体之间以及国家与世界市场之间的相互依赖关系。罗伯特·基欧汉和约瑟夫·奈在思考国际经济体系如何推动国际政治体系变革，进而作用于国家对外经济政策这一问题的过程中，关注到了经济相互依赖对国际政治关系的影响，并将世界经济体系和国际经济关系的变动视为国家调整对外经济政策的首要原因。[①]他们将权力与相互依赖关联起来，提出"复合相互依赖"的概念。在定义这一概念时，他们特别强调不能将简单的政治经济联系等同于相互依赖，只有当国家之间或不同行为体之间存在需要各方付出代价的相互影响和相互作用时，才构成相互依赖。[②]正是因为相互依赖存在维系成本，而体系中国家财富和权力的分配又带有明显的不平衡特征，这使得相互依赖关系具有非对称性，进而得以成为一种具有政治性的权力资源。[③]

为了衡量相互依赖的非对称程度，罗伯特·基欧汉和约瑟夫·奈引入敏感性（sensitive）和脆弱性（vulnerability）两个变量。其中，敏感性指的是一方变化为另一方带来有代价变化的速度有多快以及这种代价有多大；脆弱性则被用来描述行为体因外部事件的强加代价而遭受损失的程度，其衡量标准是行为体为适应环境变化而做出调整所产生的代价。至于敏感性和脆弱性的程度，主要通过考察相互依赖双方遭受外部事件冲击时所需付出调整成本的多少得出。具体来说就是哪一方更容易受到波及，哪一方遭受的损失更大，以及哪一方不得不在调整的过程中付出更高昂的代价。[④]需要说明的是，从相互依赖关系的现实表现来

①　邝艳湘. 经济相互依赖、退出成本与国家间冲突升级［J］. 世界经济与政治，2010（4）：123－138.

②　罗伯特·基欧汉，约瑟夫·奈. 权力与相互依赖［M］. 门洪华，译. 北京：北京大学出版社，2012：9－10.

③　石斌. 相互依赖·国际制度·全球治理——罗伯特·基欧汉的世界政治思想［J］. 国际政治研究，2005（4）：33.

④　罗伯特·基欧汉，约瑟夫·奈. 权力与相互依赖［M］. 门洪华，译. 北京：北京大学出版社，2012：12－13。

看，一国的高敏感性并不一定对应着高脆弱性。另外，相对于敏感性，脆弱性是一项长期的特征，也是决定国家以何种政策行动回应环境变化的关键性因素。① 这样一来，当国家之间的相互依赖关系发生变化，或是国家受到外部力量冲击后，都很可能会主动或被动地调整对外经济政策。例如，20 世纪 70 年代部分石油输出国借助石油武器使工业化国家经济遭受重创，充分暴露了美国、日本以及西欧等对世界市场中石油价格上涨的敏感性和脆弱性。之后，这些国家均开始着力调整能源政策，希望通过对内发展新能源，对外拓宽石油进口渠道、增进国际能源合作等措施来实现能源独立和能源安全的目标。②

相互依赖理论展示了自由主义者从体系层次出发，对国家对外经济决策体系动因的看法，但它仍然更善于解释和预测一个较长时段内欧美国家针对中国投资的宏观政策发展趋势。具体来说，在中国加入世界贸易组织之初，中国在与西方的力量对比中处于相对弱势地位，对世界事务的作用和影响力较为有限，中国企业"走出去"的道路也充满了曲折和不确定性。同时，随着中国与世界市场的来往日益密切，中国对国际资本、技术和资源等要素的依赖程度开始上涨，导致中国经济与之前相比更容易受到世界经济波动的冲击，其敏感性和脆弱性有所增强。③ 然而，这种情况在 2008 年金融危机后发生了明显变化，金融危机使西方国家经济普遍受挫，而中国则因经济、技术实力和国际影响力不断上涨而开始被世界各国定位为新兴大国。此外，中国与世界的经济联系正在悄然改变，世界对中国经济的依存度逐渐上升。④

---

① 项卫星，王冠楠．中美经济相互依赖关系中的敏感性和脆弱性——基于"金融恐怖平衡"视角的分析 [J]．当代亚太，2012（6）：92 - 93．

② 宋亦明．国家维护能源安全手段的选择逻辑：产权制度的视角 [J]．国际安全研究，2020（1）：114．

③ 白云真．体系·国家·社会·个体——中国外交的分析层次 [J]．当代亚太，2010（4）：94．

④ 麦肯锡全球研究院基于资本、贸易和技术三个重点维度，对 2000 ~ 2017 年中国与世界在经济上的相互依存度进行了量化分析。结果显示，世界对中国经济的依存度有所上升，中国对世界经济的依存度则相对下降。详见麦肯锡全球研究院．中国与世界：理解变化中的经济联系 [R]．2019 - 7，https：//www.mckinsey.com.cn/category/insights/mckinsey - global - institute/．

上述一系列变化令原有国际政治经济体系的结构状态产生变动，导致世界各国不得不重新审视与中国的相互依赖关系以及对中国的经济政策。从这一角度来看，相互依赖理论对于理解 21 世纪以来，特别是金融危机后十余年间，欧美国家对待中国资本的整体政策趋势有着重要意义。但作为宏大的体系理论，相互依赖理论无法像单元层次理论一样细致入微地分析短期内某个国家的具体对外经济政策和动机。① 因此，它难以解释为什么在同一历史时期内，体系结构相对稳定的情况下，不同欧美国家会对中国企业持有完全不同的政策态度。

三、国内政治与国家对外经济政策

地区一体化、跨国主义、复合相互依赖等自由主义理论通过将非国家行为体和多渠道联系纳入研究框架，挑战了国际关系研究长久以来以国家为中心的分析模式，推动着研究层次从体系逐步下移。然而，由于受到美苏冷战时期现实结构的强烈束缚，再加上 20 世纪 70 年代前后国际关系学科的主要任务仍是建立某种可以涵盖最大解释范畴的研究纲领，导致这些理论虽然意识到国内因素的重要性，但仍然坚持体系结构对国家行为的根本性约束作用，② 始终将国家视为功能相似的单元，未曾真正打开国内政治的"黑箱"。直到 20 世纪 90 年代，随着冷战结束后国际体系压力相对疏解，进程因素以及单元属性对国家行为的影响日渐凸显，国际关系研究层次才开始真正出现明显回落。③ 由此，

---

① 储昭根. 跨层次理论整合：从双层博弈到双层竞合 [J]. 国际观察，2016（5）：78 - 79.

② 即使是新自由制度主义也并不否认沃尔兹关于国际体系结构性特征和结构作用的假设，只是认为国际结构特征不应仅限于权力分布。例如，基欧汉提出国际制度结构同样束缚着国家行为，非对称相互依赖也可以是权力关系的另一种表现形式。参见 Robert O. Keohane. The Demand for International Regimes [J]. International Organization, 1982, 36（2）：325 -355；Robert O. Keohane. Institutional Theory and the Realist Challenge After the Cold War [A]. in David A. Baldwin（ed.）. Neorealism and Neoliberalism：The Contemporary Debate [C]. New York：Columbia University Press, 1993：301 -338.

③ 陈小鼎. 国际关系研究层次的上升与回落 [J]. 世界经济与政治，2008（7）：49.

国际政治经济学对国家对外经济政策的研究视角也逐渐由国际体系转向国内政治，并聚焦于社会利益集团和国家机构两个国内行为体分别展开研究。

20 世纪 70 年代末，彼得·古雷维奇（Peter Gourevitch，1978）提出"颠倒的第二意象"，并为探究国内政治问题的国际根源，建立起了一个包含国际力量与国内政治互动机制的研究框架。[①] 但真正立足于国内政治，以国家和社会关系为切入点研究国际政治经济问题的当属同一时期的彼得·卡赞斯坦，他为解释国家对外经济政策开创了一条与体系理论截然不同的路径。[②] 卡赞斯坦认为国家对外经济政策是国际体系和国内结构（domestic structure）共同作用下的结果，国内结构表现为国家的政治制度、社会结构以及连接二者的政策网络，这一要素在体系和国家政策之间发挥着中介变量的作用。[③] 简单来说，可以将国内结构视为国家与社会关系的模式，这种模式主要通过二者的力量对比关系显现出来。据此，卡赞斯坦将国内结构划分为"强国家—弱社会"和"弱国家—强社会"两种类型。在"强国家"中，国家影响、塑造甚至控制着社会利益和偏好，国家行为决策由政府主导。在"弱国家"中，国家政策则是政府在社会集团压力之下制定的，是社会利益和诉求的汇总。之后，他进一步指出正是各国国内结构的差异，造就了不同国家在回应共同挑战时采取了不同的对外经济政策。[④] 国内结构不仅由此成为理解对外经济政策的重要因素，还推动了之后国际规范和建构主义等领

① Peter Gourevitch. The Second Image Reversed: The International Sources of Domestic Politics [J]. International Organization, 1978, 32 (4): 881 – 912.

② 关于卡赞斯坦的学术贡献和地位，参见 Benjamin J. Cohen. International Political Economy: An Intellectual History [M]. New Jersey: Princeton University Press, 2008: 118 – 141.

③ Peter J. Katzenstein. Domestic and International Forces and Strategies of Foreign Economic Policy [J]. International Organization, 1977, 31 (3): 587 – 606.

④ 卡赞斯坦在其主编的《权力与财富之间》一书中，比较分析了发达工业国家（美国、英国、日本、德国、意大利和法国）在应对 20 世纪 70 年代石油危机时做出的不同对外经济战略选择。他认为，以上六国之所以会出现不同的政策行为结果，是源自其国内结构差异。详见 Peter J. Katzenstein（ed.）. Between Power and Plenty: Foreign Economic Policies of Advanced Industrial States [M]. Madison: University of Wisconsin Press, 1978.

域的研究发展。① 在此后的研究中，学者们基本接受和继承了卡赞斯坦根据国家和社会强弱关系划分国内结构的方法，并形成了以社会为中心和以国家为中心解释国家对外经济政策的两条阵线。

从国内社会角度研究国家对外经济政策的学者打破了传统以国家为中心的分析模式和国家一元行为体的假定，强调国内社会利益分化和政策竞争对国家决策行为的影响。在他们看来，经济与安全是两个不同的议题，也应当采用不同的研究方法。安全是一种几乎完全由国家垄断的公共产品，因此国际安全研究坚持国家一元、回避国内政治的做法是可取的。② 但国际经济议题与国内社会有着广泛而紧密的联系，特别是在全球化时代，社会中的行业团体、企业甚至个人都已经成为全球生产分工体系的一份子，参与国际经济互动中。在这样的情况下，国家对外经济政策将会对国内利益分配产生直接性影响，导致一些人从中获益而另一些人利益受损，从而使国内社会自然分化成不同政策偏好的利益集团。③

由于经济全球化时代国内社会和国际经济的联系日益密切，国家对外经济政策对社会行为体切身利益的分配性效应随之凸显，从而促使社会利益集团在影响政府决策过程方面表现得愈发积极活跃。④ 再考虑到就大多数欧美国家而言，即使其国内结构不是绝对的"弱国家—强社会"模式，这些国家中的社会力量也拥有相当大的自主性和利益表达渠道。因此，社会多元主义理论坚持从国内社会出发分析具有"强社会"特征的欧美国家对外经济政策，认为国家是由利益取向不同的社会行为体组成的代表机构，政策不过是服务于最强社会力量利益偏好的工具，

① 林民旺，朱立群. 国际规范的国内化：国内结构的影响及传播机制 [J]. 当代亚太，2011（1）：140－141.

② 李巍. 层次回落与比较政治学的回归 [J]. 世界经济与政治，2008（7）：52－56.

③ 邝梅. 对外经济政策的国内政治影响因素——国际政治经济学的视角 [J]. 当代财经，2009（10）：11－12.

④ Mark Andreas Kayser. How Domestic Is Domestic Politics? Globalization and Election [J]. Annual Review of Political Science，2007，10（1）：341－362.

是社会利益集团彼此竞争结果的反映。① 他们倾向于将"国家"这一以往国际政治经济学研究的核心要素从对外经济政策分析中剔除，否定国家的行为能动性和政策自主性，并将国家视为社会集团进行政治较量的场所，以及社会利益输入和政策输出的"转换器"。②

另一些学者在肯定社会行为体重要性的同时，并未回避体系因素对国内政治的影响，而是选择淡化"体系与单元究竟谁是国家对外经济政策第一驱动力"的问题，并强调国际体系和国内结构的相互作用。持这一观点的代表人物是海伦·米尔纳（Helen Milner），在她构建的体系—社会研究框架中，相互依赖是体系层次上一个至关重要的因素。米尔纳对比分析了 20 世纪 20 年代和 70 年代美国的对外经济行为，探究美国为何会在相似的国际环境下，分别采取贸易保护和自由贸易两项截然不同的对外经济政策。她得出的结论是 20 世纪 70 年代国际经济体系中各国的国际化和相互依赖程度远高于前期，这种体系层次的变化传导到美国国内，催生了以跨国公司为代表的新兴社会力量，从而引起美国经济结构和社会偏好的变化。这使得美国在 20 世纪 70 年代选择继续奉行贸易自由政策、维护开放的世界经济秩序，而没有像 20 年代一样走向贸易保护主义。③ 可见，米尔纳仍然赞同国内社会是塑造国家对外经济政策的核心力量，只是在此之前，她还关注国际体系对国内政治的制约作用。米尔纳和基欧汉指出，全球化和国际经济体系可以通过创立新的政策偏好与政治同盟、引发国内经济和政治危机以及削弱政府控制宏观经济政策的能力三种途径来影响国内政治。④ 这些改变将使社会行为体的利益诉求、政策偏好和行动能力发生变化，并最终作用于国家对外经济

---

① Andrew Moravcsik. Taking Preferences Seriously：A Liberal Theory of International Politics [J]. International Organization，1997，51（4）：518.

② 田野. 对外经济政策的政治学——社会联盟理论解析 [J]. 国际政治科学，2008（2）：76.

③ Helen V. Milner. Resisting Protectionism：Global Industries and the Politics of International Trade [M]. New Jersey：Princeton University Press，1988.

④ 罗伯特·基欧汉，海伦·米尔纳. 国际化与国内政治 [M]. 姜鹏，董素华，译. 北京：北京大学出版社，2003：255.

政策结果。

尽管在以美国为代表的"强社会"国家中，社会中心论长期占据着对外经济政策研究中国内政治解释路径的主导地位，但学术界对社会中心论者将国家工具化为社会利益传送带的质疑和批判从未停止。20世纪80年代，许多国际关系学者开始重新审视国家的角色，进而带动了国家主义范式和国家中心研究路径的复兴。1985年，彼得·埃文斯等（Peter Evans）发起"把国家找回来"的号召。① 与此同时，就连罗伯特·基欧汉这样此前格外强调非国家行为体的新自由主义者，也将注意力转回到国家之上，接受了国家是体系中单一、理性和最主要行为体的假定，将非国家行为体置于国家的从属位置。②

在国家主义者看来，在国际体系与国内社会之间，国家是一个至少承担着中介变量角色的独立行为体，国际和国内两股力量需要经由国家的过滤和传导才能作用于对外经济政策。在政策产出的过程中，国家不但拥有特定的利益诉求和政策目标，也具有追求目标的自主性和政治行动力，并不是简单地充当着阶级、集团或社会整体的利益传送带。③ 因此，国家中心论者十分强调"国家自主性"（state autonomy）这一概念，并驳斥了一些将国家自主性视为常量的看法。正如托马斯·里斯－卡彭（Thomas Risse－Kappen，1995）所描述的那样，国家自主性并不是一项固有的结构性特征，它是国际体系和国内社会双重作用下的产物，随着二者的变化既可能获得也可能失去。④ 国家自主性不仅表明国家的整体利益考量有别于社会个体或集团利益的机械累加，还意味着即

① Peter B. Evans, Dietrich Rueschemeyer and Theda Skocpol（eds.）. Bring the State back in［M］. Cambridge：Cambridge University Press，1985.

② Robert O. Keohane（ed.）. International Institutions and State Power：Essays in International Relations Theory［M］. Boulder：Westview Press，1989：8.

③ Theda Skocpol. Bring the State back in：Strategies of Analysis in Current Research［A］. in Peter B. Evans，Dietrich Rueschemeyer and Theda Skocpol（eds.）. Bring the State back in［M］. Cambridge：Cambridge University Press，1985：3－43.

④ Thomas Risse－Kappen（ed.）. Bringing Transnational Relations Back In：Non－State Actors，Domestic Structures and International Institutions［M］. Cambridge：Cambridge University Press，1995：19.

使在缺乏社会力量支持甚至面临利益集团反对的情况下，国家也可以通过政治运作根据自身战略需要调整对外经济政策。莱克对于美国 20 世纪初贸易政策的考察，以及克拉斯纳对美国原料投资与对外政策的研究都支持了这种论断。①

与社会中心论对社会利益集团的重视不同，国家中心论将分析国家对外经济政策的焦点拉回到国内政治行为体，强调政党、政治家以及政府机构等政策制定者的合法性和优先性。特别是对外代表国家的国家行政机构，由于身处国内体系与国际体系的交界处，因而在对外事务中拥有比国内事务更多的倡议权和自主性。② 他们假定这些政策制定相关者是理性而单一的政治行为体，有着相对稳定的利益诉求与政策偏好，并在国内社会结构以及国际和国内制度的约束下，经过政治博弈产生国家对外政策和行动。③ 由此，以国家为中心的研究路径又进一步分化为认为国家和国家利益对经济政策起决定性作用的单一国家路径，强调制度结构限制和塑造政策制定者行为偏好的制度路径，以及突出决策者观念、意识形态和政治能力的精英政治理论。④

国内政治路径下的社会中心论和国家中心论，都是学者立足于国家与社会的关系性特征，从不同角度为打开国家"黑箱"而做出的努力，不应将二者简单地视为彼此竞争对立的关系。国内政治路径对于分析国家对外经济政策有着独特的优势，它可以从各个国家国内结构的差异性

① 参见 David A. Lake. The State and American Trade Strategy in the Pre‐Hegemonic Era [J]. International Organization, 1988, 42 (1): 34‐58; Stephen D. Krasner. Defending the National Interest: Raw Materials Investments and U. S. Foreign Policy [M]. New Jersey: Princeton University Press, 1978.

② 田野. 国际制度对国内政治的影响机制——来自理性选择制度主义的解释 [J]. 世界经济与政治, 2011 (1): 16‐17.

③ 曲博. 国际力量、国内政治与对外经济政策选择 [J]. 教学与研究, 2007 (1): 80‐82.

④ 关于三种路径的代表性研究，参见 Robert Gilpin. U. S. Power and the Multinational Corporation: The Political Economy of Foreign Direct Investment [M]. New York: Basic Books, 1975; G. John Ikenberry. Market Solution for State Problems: The International and Domestic Politics of American Oil Decontrol [J]. International Organization, 1988, 42 (1): 151‐177; Jodith Goldstein. Ideas, Interests, and American Trade Policy [M]. Ithaca: Cornell University Press, 1993.

出发，解释在体系结构稳定的较短时期内，不同国家应对相似国际压力采取不同对外经济政策的原因，从而弥补体系理论的缺陷。然而，国内政治路径同样存在着以下两方面的不足：一方面，现有基于国内政治视角开展的研究中，将美国对外经济政策作为研究对象的成果占了相当大的比例。但事实上，美国的国内政治特征是在其独有的体系地位影响下形成的。作为超级大国，美国所面临的较小国际压力能够充分激发其国内行为体的活力，导致美国呈现出"对外强大、对内虚弱"的制度特征，成为对外经济政策受国内政治影响最大的国家。[①]因此，如果以美国作为参照物与其他欧美国家相比，美国"弱国家—强社会"的特征是格外明显的。但对于其他国家实力和国际地位彼此相近的欧美国家而言，各国国内结构的差异可能并不会像与美国对比时那样突出。另一方面，当前国内政治路径对于各国国内结构的判断仍趋于静态化，这使其更适用于比较研究不同国家的对外经济政策，但在解释同一国家不同时刻或不同领域的政策时就会显得力不从心。具体而言，尽管受制于历史与文化根源，一国国内结构即使在体系压力之下也能够维持较长时间的稳定，但国内社会和国家两股力量在国家对外经济决策中的对比，却可能在不同问题领域或特定历史阶段呈现不同的状态。[②]例如，当对外经济议题与国家安全挂钩时，国家往往具有更多自主性，也更可能摆脱社会力量的掣肘，如对外援助、经济制裁和双边贸易安排等。[③]再如，一旦国家遭遇重大危机，国家的力量将极有可能得到显著增强。

①　Stephen D. Krasner. United States Commercial and Monetary Policy：Unravelling the Paradox of External Strength and Internal Weakness ［J］. International Organization，1977，31（4）：635 - 671.

②　田野. 国际制度与国家自主性———一项研究框架 ［J］. 国际观察，2008（2）：27 - 28.

③　John Zysman. Governments，Markets，and Growth：Financial Systems and Politics of Industrial Change ［M］. Ithaca：Cornell University Press，1983：279.

第二节 影响准入壁垒的跨国公司因素

尽管现实主义和自由主义对非国家行为体的身份、地位及其与国家的关系有着不同认识，但在全球化浪潮的推动下，包括跨国公司在内的多元行为体日益兴起已是不争的事实。与此同时，许多学者因不满体系理论对部分现实问题的解释力，已经为打开国内政治的"黑箱"进行了诸多有益探索。近年来，不仅国际政治经济学研究的分析层次正在逐步由体系向单元层次下移，催生出一些以问题研究为导向的多层次、跨层次理论，国际安全乃至整个国际关系学科备受关注的理论和实证成果都体现出不同范式彼此融合的折中主义特点。[1] 然而，虽然学术界放宽了对国家一元假定和国家中心分析模式的坚持，但与国内社会中的利益集团和行业群体相比，私人行为体依然处于边缘位置。在这样的情况下，将跨国公司这样既不属于国家行为体、又不属于国内社会体的跨国行为体作为核心分析单位的研究更是少之又少。[2] 事实上，跨国公司既是具有利益诉求和能动性的独立行为体，也是跨国经贸活动的主体之一。跨国公司的所有制性质与组织架构、行业属性与技术特征及其学习东道国制度的难度，都将影响中国企业对欧美投资的过程与结果。

一、国家与企业在跨国交易中的互动关系

对于一项围绕国家与企业政治经济互动的现实困惑而展开的解释性研究来说，探讨跨国公司与国家主权的关系问题过于宏大。基于单一国际关系理论流派的核心假定和分析框架进行理论演绎，既无必要也不利于知识创新。在此，可以在综合借鉴三大理论成果的同时，相对淡化范

---

[1] 刘丰. 国家关系理论研究的困境、进展与前景 [J]. 外交评论, 2017 (1)：35.

[2] 李巍. 国际政治经济学的演进逻辑 [J]. 世界经济与政治, 2009 (10)：78.

式对行为体的角色限定，将研究视野聚焦到跨国公司对外投资这一具体化进程之中，并将对"权力"这一国际关系核心概念的思考从传统的国家安全和军事领域扩展到经贸和技术领域，[①] 从而对跨国公司与国家的互动关系做出更为具体和清晰的界定。

首先，就国际政治经济体系而言，无政府依然是体系的基本状态。在国家、跨国公司等行为体之上既不存在可以完全限制体系成员追求利益、控制其行为活动的中央权威或权力机构，也不存在某个共同利益目标。[②] 在无政府状态下，国与国之间除了产生军备竞赛和武力战争等安全冲突之外，还会在贸易关税、金融货币以及战略性资源等领域展开竞争。同时，国家和跨国公司之间在历史上也曾多次因跨国公司影响国家对本国经济的控制力、干预国内政治活动等问题发生纠纷。这些冲突可能因跨国公司的行为而起，也可能会间接地对企业跨国活动造成负面影响。然而，在世界经济事务中，生存挑战和安全威胁并非是一项迫在眉睫的问题，即使行为体之间出现利益冲突也鲜少诉诸武力解决。因此，从总体上看，国家政治经济体系中的竞争性、斗争性和排他性明显弱于国际安全领域，国家相对更重视绝对收益和未来效应，这使得国家与国家、国家与跨国公司之间的经贸合作成为可能。[③] 与国际政治体系相比，国际政治经济关系不再完全是你死我活的"零和博弈"，反而带有更多的"正和博弈"色彩，呈现出洛克文化和康德文化[④]的特征。

其次，从国际政治经济体系中的行为主体来看，伴随着全球化的不断深入发展，以跨国公司为代表的非国家行为体在国际政治尤其是

---

①　Joseph S. Nye. Peace in Parts：Integration and Conflict in Regional Organization ［M］. Boston：Little，Brown and Company，1971.

②　Kenneth A. Oye. Explaining Cooperation under Anarchy：Hypotheses and Strategies ［J］. World Politics，1985，38（1）：1.

③　秦亚青. 国际体系的无政府性——读温特《国际政治的社会理论》［J］. 美国研究，2001（2）：142–143.

④　亚历山大·温特（Aleksander Vinter）认为，霍布斯文化、洛克文化和康德文化是三种理想类型的国际体系文化，有关这三种文化的内容和特征可参见亚历山大·温特. 国际政治的社会理论［J］. 秦亚青，译. 上海：上海人民出版社，2000：328–381.

经济事务中的话语权日益增长，国家不应再被视为世界政治经济舞台上的唯一主角。正如苏珊·斯特兰奇描述的那样，世界经济秩序是由安全、生产、金融和知识四大结构性权力（structural power）① 决定的。这种权力不仅从外部制约着各主体的行为，也可以被人为创造和掌握，是物质性与能动性的综合体现。能够持有结构性权力的主体既包括国家，也包括个人、公司和国际组织等非国家行为体。这些主体为实现自身利益诉求，总是希望依照自己对"财富、秩序、自由、正义"四种价值的取舍和偏好确立一套惯例或制度安排，并试图制定全球生产、交换和分配体系的运行规则。② 因此，当代世界政治经济体系是由国家和非国家行为体共同构成的，呈现出二元主体的特征，跨国公司是其中关键的非国家行为体。同国家一样，跨国公司也是按照理性和自利原则行事的独立行为体，并在经济身份之外还拥有一定的政治行为能力。在全球拓展权力与财富的过程中，跨国公司与国家保持着密切的互动、合作或竞争关系，这构成了世界政治经济的基本生活面貌。③

再次，在体系层次之外的单元层次，无论是国家还是跨国公司都不应被视为"黑箱"一般的行为体。正如新古典现实主义者坚持的那样，即使是在体系结构稳定、国际环境相似的同一历史时期，不同国家表现出的功能选择、行为偏好以及利益目标也不是类同的。④ 他们发现，多个国内政治变量均可能对体系指令起到增强、抑制或传导的作用，从而影响国家政策和行为结果，如国家动员能力、国家汲取资源的能力、国

---

① 斯特兰奇提出的结构性权力与现实主义者所理解的权力有着本质区别，结构性权力不是强迫他国做不愿意做的事的能力，而是决定世界政治经济的运行秩序、行为体之间的互动关系以及成本—收益和机会—风险分配方式的权力。参见 Susan Strange. State and Market ［M］. London：Printer Publishers，1994：23–42.

② Susan Strange. An Eclectic Approach ［A］. in Craig N. Murphy and Roger Tooze（eds.）. The New International Political Economy ［C］. Boulder：Lynne Rienner Publishers，1991：39–40.

③ P. G. Bock and Vincent J. Fuccillo. Transnational Corporations as International Political Actors ［J］. Studies in Comparative International Development，1975，10（2）：51–77.

④ 刘若楠. 新古典现实主义的进展与困境——评《新古典现实主义、国家和外交政策》［J］. 国际政治科学，2010（2）：135–146.

家利益偏好、国内社会和精英凝聚力等。① 对于跨国公司来说，不同企业在所有制属性、行业特征、管理理念以及经营方式等方面更是千差万别。以多年高居世界 500 强企业榜单前十位的埃克森美孚（Exxon Mobil）和沃尔玛（Walmart）为例，虽然这两家企业均为美国大型私营跨国公司，但由于二者分属能源石化行业和零售服务业。相比之下，沃尔玛的跨国投资政治敏感性明显低于埃克森美孚，极少受到东道国政府的安全审查或行政阻挠。总体来说，跨国公司的身份跨越了世界经济与政治两个维度，处于母国属人管辖权和东道国属地管辖权的双重管理和保护之下，具有一定的复杂性和特殊性。② 它们首先是追求利益最大化的经济性实体，必须按照市场规则从事经济活动。同时，跨国公司在对外投资过程中，又将不可避免地与东道国政府、企业、社会组织和劳工等利益相关者产生交流互动，并或多或少地影响着东道国的政治经济面貌、市场秩序和社会文化。另外，跨国公司在走向国际化的同时自然延伸了母国海外利益，它们不仅集企业利益和母国国家利益于一身，有时还需要充当母国对外交往、宣传国家形象等政治活动的媒介。

最后，在企业跨国投资这项具体的国际政治经济活动中，直接参与交易的双方是跨国公司与东道国。此外，跨国公司母国、第三国以及非政府组织的身份和行为在某些时候也可能会影响交易结果。③ 为了确定国家和跨国公司两个核心行为体在交易过程中的权力地位和互动关系，可以借鉴约翰·斯托普福德（John Stopford）构建的"三角外交"（triangular diplomacy）模型。斯托普福德认为，在资本跨国流动的过程中，国家之间、国家与跨国公司之间以及跨国公司之间不断进行着谈判和博

---

① 刘丰，陈志瑞. 东亚国家应对中国崛起的战略选择：一种新古典现实主义的解释 [J]. 当代亚太，2015（4）：15.

② 肖河. 国际私营安保治理与中国海外利益保护 [J]. 世界经济与政治，2018（1）：106.

③ 赵可金，尚文琦. 公司外交：对跨国公司外交职能的一项研究 [J]. 国际政治研究，2014（5）：28.

弈，从而形成了一种三组力量彼此关联、相互作用的讨价还价模式。① 这三组力量各自关注的核心议题有着明显区别，主要体现为国家之间竞争的焦点是世界政治经济的结构性权力和影响力，国家和跨国公司之间的谈判围绕着使用资源、分配财富等问题展开，跨国公司之间则为获取更多的市场份额和经济利益而讨价还价。② 在三边的讨价还价程序结束后，还需依照结果再进行一轮综合博弈，才能产出跨国投资交易的最终政策。

二、跨国公司的所有制性质与组织架构

如果将跨国交易视为一个长期性和动态化的过程，那么国家和跨国公司之间的合作性明显大于竞争性，跨国公司希望通过整合全球生产和分配要素来获取超额利润，东道国也需要外国投资携带的互补性资源、技术以及就业和税收等社会福利。③ 同时，二者的地位也几乎是不分伯仲的，即使实力足够强大的东道国，绝大多数时候也无法绕过跨国公司而单方面制定交易规则或决定博弈结果。然而，实际情况却总是比抽象的理论模型复杂，现实中三角关系的三边并不是始终对称的，就像国家之间的外交谈判一样，三组力量在互动过程中既寻求合作也可能产生冲突。④ 各个行为体的力量对比也时常发生变化——有时东道国政府拥有相对主导权，有时母国政府会通过施压明显影响交易进程，有时跨国公司因具有技术、资本等核心竞争力而在谈判中占据着有利位置。通常来

① John M. Stopford. The Growing Interdependence between Transnational Corporations and Governments [J]. Transnational Corporations, 1996, 3 (1): 53 – 76; John M. Stopford. Multinational Corporations [J]. Foreign Policy, 1998 –1999, (113): 12 –24.

② 约翰·斯托普福德，苏珊·斯特兰奇. 竞争的国家竞争的公司 [M]. 查立友等，译. 北京：社会科学文献出版社，2003：23 –27.

③ 黄河. 结构性权力视野下的跨国公司与国际公共产品 [J]. 深圳大学学报（人文社会科学版），2010 (1)：54 –55.

④ Thomas N. Gladwin and Ingo Walter. How Multinationals can Manage Social and Political Forces [J]. Journal of Business Strategy, 1980, 1 (1): 54 –68.

说，跨国公司和母国的关系特征是相对确定的，与母国的政治体制、市场机制以及一定时期内的社会状况等因素有关。

20 世纪 70 年代美国设立外资安全审查制度后，欧盟、加拿大、澳大利亚等发达经济体也随之开始探索建立外国投资相关的法律制度。但与美国相比，这些国家对待外资安全的审查较为宽松。然而，自 2008 年世界金融危机以及欧洲主权债务危机以来，全球经济增速在 2017 年小幅回升之后继续呈现下滑趋势，欧美国家经济发展速度整体放缓，欧洲国家经济发展模式更是一度陷入困境。在国际货币基金组织发布的《世界经济展望》报告中，2019 年全球经济增长率预测值被下调至 3%（2008 年以来的最低水平），并预计发达经济体 2019 年和 2020 年的经济增长率将降至 1.7%。[①] 在此背景下，西方逆全球化、民粹主义和贸易保护主义频频抬头，并试图通过外资安全审查、贸易关税战以及竞争中立、对等开放等更为新颖和复杂的手段重塑全球投资贸易规则，从而导致欧美国家投资准入壁垒不断增强，使跨国公司面临着更多不确定性。

从欧美国家近来颁布或修订的与外国投资相关的法案来看，美国《外国投资风险审查现代化法案》、英国《国家安全和基础设施投资审查绿皮书》和 2018 年修订的《2002 年企业法》、德国《对外经济条例》以及欧盟区域层次的《欧盟外资审查条例》等文件无一不将"受外国政府控制"和"具有外国政府背景"的跨国投资列为重点审查对象。例如，美国早在 1992 年《伯德修正案》中就已授予 CFIUS 强制审查具有外国政府背景投资者的权力。在此基础上，《外国投资风险审查现代化法案》建议 CFIUS 审查所有直接或间接涉及外国政府实质利益的交易，并对受外国政府控制的对美国企业股权超过 25% 的投资实行强制申报。[②] 再如，《欧盟外资审查条例》规定欧盟委员会和成员国对外资

---

①　国际货币基金组织. 世界经济展望［R］. 2019 – 10，https：//www. imf. org/zh/Publications/WEO/Issues/2019/10/01/world – economic – outlook – october – 2019.

②　James K. Jackson. The Committee on Foreign Investment in the United States（CFIUS）［R］. Congressional Research Service Report RL33388，2020 – 2 – 26：11 – 12.

审查时，应特别考虑的因素之一是外国政府（包括国家行政机关和武装部队）是否通过持有所有权、控制权或重大资助补贴等方式，直接或间接地对外国企业形成控制。① 可见，跨国公司是否具有政府背景已成为影响欧美国家应对外国投资的政策反应和双方交易结果的重要因素之一。

在东道国考察跨国公司治理架构的过程中，企业所有制性质无疑是最重要的指标之一，也是跨国公司是否具有政府背景的首先考量因素。考虑到在主要新兴经济体中，政府这只"看不见的手"的作用大多强于欧美国家，民营企业的独立自主性相对较弱，因此通常会采用二分法将新兴经济体的企业划分为国有企业和非国有企业两类。当前中国认定国有企业的依据主要有两点，一是根据企业资本构成，将所有者权益全部归国家所有的企业认定为国有企业，包括全民所有制企业、国有独资企业以及由多个国有单位出资组建的国有独资公司；二是根据企业控制力，将国有股权超过 50% 的绝对控股企业纳入国有企业的范畴，即国有资本控股公司。② 联合国贸易和发展会议（UNCTAD）对国有跨国公司的定义则更为宽泛，认为企业中 10% 以上股份归国家或公共机构所有，以及国家或公共机构为最大股东，或享有"特权优先股"的皆为国有跨国企业。③

结合各国现实政策和已有研究发现，东道国对跨国经济活动的政策态度会因企业所有制性质不同而发生变化，国有企业遭遇政治阻力的风险明显高于非国有企业。④ 究其原因，主要与东道国对国有企业对外投

---

① 廖凡. 欧盟外资安全审查制度的新发展及我国的应对［J］. 法商研究，2019（4）：187.

② 在界定国有股权处于"相对控股"状态的企业所有制性质时，还需根据控制力、股权结构等因素综合判断。参见中华人民共和国财政部资产管理司. 财政部关于国有企业认定问题有关意见的函［Z］. 2003 - 4 - 23.

③ 参见 UNCTAD. World Investment Report：Investing in the SDCs：An Action Plan［R］. New York and Geneva：United Nations，2014：34.

④ 张建红，卫新江，海柯·艾泊斯. 决定中国企业海外收购成败的因素分析［J］. 管理世界，2010（3）：101 - 102.

资意图的固有认知有关。约翰·邓宁（John Dunning）提出跨国公司对外投资的区位选择很大程度上是由它们的投资动机决定的，其投资动机具体体现为寻求自然资源、寻求市场、寻求效率或寻求战略性资产。① 一些学者通过专门研究发展中国家企业的投资动机后发现，当这些企业希望获取市场和战略资产时，更倾向于走进发达国家市场；当它们以获取劳动力优势、降低成本为目的时，则更倾向于投资发展中国家。② 此外，发展中国家企业还格外热衷于投资购买技术、品牌等战略性资产，期望以此为跳板快速掌握知识产权并提升企业国际竞争力，中国企业尤其如此。③

从现实案例来看，被欧美国家判定为"具有政府背景"的非国有企业通常具有以下某项或多项特征：

一是跨国公司董事会或高级管理者中曾有在政府机构或武装军队任职的经历。华为便是出于这一原因被部分国家"推定"为与中国政府关系密切的代表性企业。在华为 2007 年并购美国国防设备供应商 3COM 公司一案中，由于华为创始人任正非曾在军队任职，时任董事长的孙亚芳曾在中国国家安全部从事通信工作，CFIUS 据此做出华为可能将 3COM 的技术和军事信息转移给中国政府及军队的推断。美国国会也认为，华为高管的从业经历使其可能为中国政府的情报活动提供便利，

① 联合国贸易和发展会议在 2006 年的《世界投资报告——来自发展中经济体和转型经济体的外国直接投资：对发展的影响》中，也对新兴经济体跨国公司的投资动机进行了分类，所得结果基本与此相同。参见 John H. Dunning. Location and the Multinational Enterprise：A Neglect Factor [J]. Journal of International Business Studies，1998，29（1）：53；UNCTAD. World Investment Report：FDI from Developing and Transition Economies：Implications for Development [R]. New York and Geneva：United Nations，2006：141 – 163.

② Shige Makino，Chung – Ming Lau and Rhy – Song Yeh. Asset – Exploitation Versus Asset – Seeking：Implications for Location Choice of Foreign Direct Investment from Newly Industrialized Economies [J]. Journal of International Business Studies，2002，33（3）：403 – 421.

③ Ping Deng. Investing for Strategic Resource and Its Rationale：The Case of Outward FDI from Chinese Companies [J]. Business Horizon，2007，50（1）：71 – 81；Huaichuan Rui and George S. Yip. Foreign Acquisitions by Chinese Firms：A Strategic Intent Perspective [J]. Journal of World Business，2008，43（2）：213 – 226.

或接受来自中国政府的其他指令。① 这些臆测一度成为应将华为排除在美国市场之外的"证据"。

二是跨国公司在发展过程中曾获得政府财政补贴、税收减免以及银行低息贷款等政策和经济扶持。当前欧美国家对外国企业是否享有"不正当补贴"的审查力度正在逐步升级，对补贴范围的界定也在不断扩大。② 这与2011年以来美国为重塑国际经济规则，联合经济合作与发展组织（OECE）、联合国贸易和发展会议等国际组织以及跨太平洋伙伴关系协定（TPP）成员大力推广的"竞争中立"（competitive neutrality）有关。"竞争中立"要求政府消除对企业竞争的非市场性影响，保证债务、规则和税收等政策对所有企业一视同仁。③ 这一国际贸易新规不仅直接指责以中国为代表的新兴经济体国有企业扭曲自由主义市场经济规制，凭借特殊优待对非国有企业构成不正当竞争的压力。就连曾受国家补贴或政策扶持的非国有企业对外投资，也被一些国家判定为在不同程度上受到了政府的诱导或指派，属于"非市场行为""反竞争行为"。④因此，这些企业极易被贴上"特权企业"的标签，从而遭遇欧美国家以违反"竞争中立"原则为由驳回投资或设置政治壁垒的风险。

三是跨国公司内部治理模式和商业实践透明度较低，未能达到欧美国家法律制度的要求。信息披露是企业国际化运营和监管的重要环节，公司治理透明度指的是企业财务与管理信息的公开披露程度。衡量透明度高低的主要因素包括组织架构透明度（是否完整披露企业董事会结构及高级管理者背景、融资渠道、盈利情况、资产负债率、国有控股比例等信息）、企业反腐机制建设水平（是否存在告发者保护机制、企业问责制、反商业贿赂政策等）以及海外分支公司是否定期发布国别报告和

① Robert Gray Bracknell. Trust not Their Presents, Nor Admit the Horse: Countering the Technically‐Based Espionage Threat［J］. Roger Williams University Law Review, 2007, 12（3）: 841.

② 连增，王颖，孙文莉. 特朗普政府投资领域国家安全审查制度的新变化及其趋势解析［J］. 国际论坛, 2019（2）: 120.

③ 唐宜红，姚曦. 竞争中立: 国际市场新规则［J］. 国际贸易, 2013（3）: 54–59.

④ 荣大聂，提洛·赫恩曼，潘圆圆. 中国对发达经济体的直接投资: 欧洲和美国的案例［J］. 国际经济评论, 2013（1）: 94–108.

财务报表等。① 其中，企业股权结构无疑是最能直接反映跨国公司与母国政府关系的指标。一旦相关信息披露不完善或不及时，即使是非国有性质的企业也很可能会被欧美国家外资安全审查机构怀疑"具有政府背景"，从而不得不提供繁杂的材料自证企业行为不会受到来自母国政府的干预。应当承认的是，目前中国企业的透明度尚未完全与国际标准接轨，与欧美国家的要求普遍存在一定距离。② 这样的现状显然不利于消除欧美国家对中国企业商业动机和治理独立性的疑虑，是企业海外活动需要跨越的障碍之一。

三、跨国公司的行业属性与技术特征

从当前欧美国家的外资安全监管机制来看，各国从以往强调国防安全转向国防军事与经济技术安全并重，致使外国企业遭遇外资审查的风险激增。在政策操作层面，由于需要在外资监管法案中将投资风险相关因素具体化，这些国家大多选择通过重新界定敏感行业和关键技术来实现安全概念外延，以便对更多的"特定交易"实施强制审查和外资准入限制。在此基础上，外资安全审查部门还有权对未被法律规制涵盖的"关键交易"发起灵活性审查。因此，在绝大多数欧美国家外资安全审查法案中，均可以找到关于敏感行业和关键技术的说明。例如，美国对广播、水电、地热蒸汽、海洋热能、原子能和沿海及国内运输等领域实施外资准入保留政策，将敏感数据界定为医疗、保险、金融等行业牵涉的大规模个人可识别信息。③ 德国在 2018 年底对《对外经济条例》进行修订后，规定收购国防军工、信息技术和太空探测设备行业股份达到 10% 的外国

---

① 钟伟强，张天西，张燕妮. 自愿披露与公司治理——一项基于中国上市公司数据的实证分析 [J]. 管理科学, 2006 (3): 81–89.

② Agata Antkiewicz and John Whalley. Recent Chinese Buyout Activity and the Implications for Wider Global Investment Rules [J]. Canadian Public Policy, 2004, 33 (2): 207–226.

③ 林乐，胡婷. 从 FIRRMA 看美国外资安全审查的新趋势 [J]. 国际经济合作, 2018 (8): 12–13.

投资必须接受特殊行业审查。① 这表明除企业所有制性质外，行业属性和技术特征是影响欧美国家是否对中国企业设置准入壁垒的重要因素。

以外资监管制度相对完善和严格的美国为例，根据 CFIUS 年度报告中列出的 2009～2017 年外资安全审查所覆盖的行业统计数据显示，将近80% 的受审交易都集中在制造业以及金融、信息和服务业两个领域。期间自愿提交或 CFIUS 强制审查的交易项目共计 1179 项，受审交易的数量呈逐年递增趋势。其中，制造业领域的跨国交易受审数量最多，2009～2017年共有 474 项交易遭到审查，占比约 40%；金融、信息和服务业次之，共发生 419 项，占比约 36%（见表 3 - 1）。参照北美产业分类体系（NA-ICS）的标准进一步细分 2013～2017 年 CFIUS 审查交易的行业分布之后，可以发现制造业中受审数量位于前三的行业部门分别是计算机和电子产品制造、机械制造和化学产品制造；金融、信息和服务业中外资交易受审数量位于前三的行业部门是专业科学和技术服务业、出版业以及电信业。值得注意的是，在 2016 年和 2017 年的数据中，CFIUS 审查的金融、信息和服务业跨国投资项目数量开始超过制造业，受审比例与往年相比出现大幅上扬趋势，分别占两个年份年度受审交易的 40% 和 46%。② 这表明涉及制造业以及金融、信息和服务业的外国投资在美国面临着更高的遇阻风险，并且这种状况将在未来一段时间内持续存在。

表 3 - 1　　　　2009～2017 年美国外国投资委员会（CFIUS）
审查跨国投资的行业分布统计

年份	制造业	金融、信息和服务业	矿业、公共服务和建筑业	批发、零售贸易与运输业	总计
2009	21 项（32%）	22 项（34%）	19 项（29%）	3 项（5%）	65 项
2010	36 项（39%）	35 项（38%）	13 项（14%）	9 项（10%）	93 项

①　张怀岭. 德国外资并购安全审查：改革内容与法律应对［J］. 德国研究，2018（3）：57 - 71.

②　CFIUS 发布的 2016～2017 年年度报告，Committee on Foreign Investment in the United States. Annual Report to Congress 2016 - 2017［R］. 2019：5 - 6.

年份	制造业	金融、信息和服务业	矿业、公共服务和建筑业	批发、零售贸易与运输业	总计
2011	49 项（44%）	38 项（34%）	16 项（14%）	8 项（7%）	111 项
2012	47 项（39%）	36 项（33%）	23 项（20%）	8 项（7%）	114 项
2013	35 项（36%）	32 项（33%）	20 项（21%）	10 项（10%）	97 项
2014	69 项（47%）	38 项（26%）	25 项（17%）	15 项（10%）	147 项
2015	68 项（48%）	42 项（29%）	21 项（15%）	12 项（8%）	143 项
2016	67 项（39%）	68 项（40%）	18 项（10%）	19 项（11%）	172 项
2017	82 项（35%）	108 项（46%）	28 项（12%）	19 项（8%）	237 项
总计	474 项（40%）	419 项（36%）	183 项（16%）	103 项（9%）	1179 项

资料来源：根据美国外国投资委员会（CFIUS）2019 年 11 月发布的年度报告整理得出，参见 https：//home. treasury. gov/system/files/206/CFIUS – Public – Annual – Report – CY – 2016 – 2017. pdf。

与行业属性相比，技术因素对跨国公司对外投资的影响更为隐晦和复杂。一方面，传统上认为，发展中国家与发达国家相比处于国际生产分工体系和全球价值链的低端位置，两者之间存在较大的"知识距离"。[①] 发展中国家企业为了弥补国内制度和市场缺陷，或是加速产业升级、技术追赶和竞争力跃升，常常将跨国投资视为快速获取自身缺乏的先进技术、现代管理方法以及国际运作经验等战略性知识资源的"跳板"。[②] 这是新兴经济体跨国公司相关研究中"跳板理论"的核心观点，该理论不仅分析了后发国家战略资产寻求型企业投资知识储量丰富的欧美市场的动机，还解释了它们倾向于采取跨国收并购这种协同效应较大

---

① 贾镜渝，李文. 距离、战略动机与中国企业跨国并购成败——基于制度和跳板理论 [J]. 南开管理评论，2016（6）：124 – 125.

② Yadong Luo and Rosalie L. Tung. International Expansion of Emerging Market Enterprises：A Springboard Perspective [J]. Journal of International Business Studies，2007，38（4）：481 – 498.

的投资方式的原因。① 然而，在作为投资目标国的欧美国家看来，这类经济活动往往蕴含着巨大的技术转移风险，可能削弱自身在全球价值链中的技术领先和知识垄断地位。尤其是一旦某些国防军工生产供应商所拥有的关键设备和技术被他国企业获取，还可能存在一些安全方面的隐患。因此，随着近年来中国企业大举进入欧美高新技术市场，欧美国家政府和社会对此类行为的抵触情绪和警惕心理日益高涨。各国均已通过在外资安全审查制度中重新界定关键技术、降低审查门槛等方式加强对敏感技术和产品的监督管理。

另一方面，在高新技术领域，尽管中国尚未全面赶超欧美国家，但在某些方面确已实现"弯道超车"。鉴于不同欧美国家的经济发展阶段和战略目标不同，它们对拥有技术优势的中国企业的政策态度也出现了明显差异。例如，在5G领域，作为后发国家企业的华为已开始领跑全球5G市场。美国无线产业行业协会2018年4月发布的报告认为，在推出下一代超高速无线技术方面，中国准备得最为充分，并正在走向5G技术全球竞争的胜利。② 在此背景下，致力于与中国争夺5G领导权的美国，不仅阻止华为进入美国市场，还极力拉拢盟友试图建立封锁华为5G的国际统一战线。然而，对于其他与中国不存在战略竞争和结构性冲突的欧美国家来说，华为不但未对其构成实质性威胁，反而能够带来高质量、低成本的通信产品和服务。因此，它们并不像美国那般极力抵制华为在本国的市场拓展。③ 可见，在中国由"知识低位"向"知识高

---

① 协同效应（synergy effects）原本是一种物理化学现象，又称增效作用。在跨国投资领域，新兴国家企业热衷于通过跨国并购快速获得欧美国家企业积累的知识资源，并将其先进技术与自身原有的劳动力和市场优势相结合，从而实现"1 + 1 > 2"的协同效应。参见 Henrik Bresman, Julian Birkinshaw, and Robert Nobel. Knowledge Transfer in International Acquisitions [J]. Journal of International Business Studies, 1999, 30 (3): 439 – 462; Peter Ping Li. Toward an Integrated Theory of Multinational Evolution: The Evidence of Chinese Multinational Enterprises as Latecomers [J]. Journal of International Management, 2007, 13 (3): 296 – 318.

② 吴明洲，蔡淑敏. 美调查华为，或忧5G竞争落后中国 [N]. 国际金融报，2018 – 4 – 30 (2).

③ 马骉. 中美竞争背景下华为5G国际拓展的政治风险分析 [J]. 当代亚太，2020 (1): 4 – 29.

位"攀爬的过程中，或将产生一批具有技术优势的企业。这些企业进入欧美国家的主要动机不再是获取先进技术，而是拓展海外业务和市场。在运营方式方面，它们也更倾向于采取绿地投资、合作经营、国际租赁而非跨国并购。相应地，大多数欧美国家也无法再将这些企业定位为战略性资产的"入侵者"和知识产权的"窃取者"，对企业对外投资活动也将持更加开放和欢迎的政策态度。

四、跨国公司学习东道国制度的难度

跨国公司作为跨国行为体，一方面不可避免地会在投资经营中与东道国的政府、合作企业和社会公众产生互动，并受制于当地法律法规和文化习俗。另一方面又难以在短时间内改变在母国政治、经济和社会环境中成长而形成的思维和行为模式。这意味着跨国公司必须面对母国和东道国在规制、规范和认知等制度层次上天然存在的制度距离（institutional distance）。已有大量研究表明，制度距离与非市场性风险之间存在着正相关关系，即制度距离越小，越有利于跨国公司在东道国的经营发展；制度距离越大，企业因无法获得东道国的信任和认同而遭遇政治壁垒的可能性也就越大。[①] 此外，在制度差异较大的东道国中，即使跨国公司能够跨越准入壁垒，企业也不得不在后续经营中谨慎应对双重文化和制度环境，其项目的持久度和绩效都会明显降低。[②] 特别是中国企业对欧美投资或是投资敏感领域时，制度距离的负面作用尤为明显。

20 世纪 90 年代兴起的制度理论为跨国公司海外投资与非市场性风险研究提供了新的视角，跨国情境下的制度差异越来越成为理解和分析

---

① Dean Xu, Yigang Pan and Paul W. Beamish. The Effect of Regulative and Normative Distances on MNE Ownership and Expatriate Strategies [J]. Management International Review, 2004, 44 (3)：285 – 307.

② Harry G. Barkema and Freek Vermeulen. International Expansion through Start – Up or Acquisition：A Learning Perspective [J]. Academic of Management Journal, 1998, 41 (1)：7 – 26.

企业遭遇准入壁垒的关键性因素。制度理论认为，即使是政治体制、经济发展水平和社会文化相近的两个国家，也不可能拥有完全一致的制度规则。因此，他们提出可以用制度距离来衡量不同国家或地区在制度环境方面的差异程度。① 新制度经济学派的代表人物道格拉斯·诺斯（Douglass North）将制度定义为一个社会的"游戏规则"（rule of game），更规范地说就是那些根植于文化习俗或由人为设计的对行为体之间的互动关系起到约束或塑造作用的一系列准则。根据制度是否有明文可依，可以将其划分为法律、规制等显性的正式制度，以及习俗、伦理道德规范等隐形的非正式制度。诺斯进一步指出，跨国投资是一项非常复杂的活动，其交易方式和结果不仅取决于企业管理水平和项目质量，还与东道国制度环境紧密相关。因此，跨国公司与不同国家进行相同交易时，也需要依照各国不同制度环境下的"游戏规则"来调整理念和行为。② 当然，制度并不仅仅是一种外在束缚，它还可以为企业海外活动搭建一个相对稳定可靠的平台，减少交易过程中的不确定性，并保障跨国公司进入东道国后的生产与经营能够如期进行。③

具体来说，企业对外投资面临着母国和东道国在管制（regulative）、规范（normative）和认知（cognitive）三个制度维度上的差异。其中管制制度是由立法、行政和司法等国家机构颁布执行的，具有成文条款和强制约束力的法律法规、经济规则和行业准则；规范制度是社会普遍认同的价值标准和道德规范；认知制度则是社会整体在历史传承中共同建立起的文化习俗。④ 尽管制度距离为外国企业获取异质性的市场、技术和管理经验提供了机遇，使跨国公司与东道国之间具有制度互补和资源

① Tatiana Kostova. Success of the Transnational Transfer of Organizational Practices Within Multinational Companies [M]. Minnesota：University of Minnesota, 1996.

② Douglass C. North. Institutions, Institutional Change and Economic Performance [M]. Cambridge：Cambridge University Press, 1990：33 - 51.

③ 阎大颖. 制度距离、国际经验与中国企业海外并购的成败问题研究 [J]. 南开经济研究，2011（5）：76.

④ W. Richard Scott. Institutions and Organizations：Ideas, Interests, and Identities [M]. London：SAGE Publications, 2013.

互换的可能性。① 但从现实经验来看，制度距离更多时候是作为企业对外投资的不利因素出现的，它提升了企业的跨国治理成本以及获取东道国政府和社会认同的难度。特别是对于中国企业而言，由于它们大多数在投资欧美市场时缺少压倒性的比较优势和竞争力，因此跨越制度性障碍的难度也相对更大。

一方面，对跨国公司自身而言，制度距离越大，企业学习东道国正式和非正式制度以及监管海外分支机构的难度和成本就会越高。这将增加跨国公司违反东道国规则的可能性，使企业面临因此受到政府制裁、与当地商业伙伴关系恶化或是遭遇民众抵制的风险。正如诺斯所言，企业国际化的一项必备工作就是熟悉东道国的制度规范。一般来说，企业通过查阅资料或咨询专业机构和顾问，可以比较便利地了解目标国正式制度。与之相比，归属于规范和认知维度的非正式制度由于隐蔽性程度更高、不确定性更强，往往需要企业具有与目标国的交往经历，或通过实地调研才能充分掌握。同时，制度距离对于跨国公司内部协调管理也是一个挑战。制度距离越大，企业越难以将已有经营知识直接转移和运用到海外分支机构之中。这意味着跨国公司不得不因地制宜地制定新的管理章程，否则将容易出现决策失误、管理层冲突或员工认同度低等问题。②

另一方面，对于企业跨国投资的目标国来说，东道国政府通常都会参照本国制度质量和本土企业管理水平来评判跨国公司的行为与动机。跨国公司母国与东道国的制度距离越大，跨国公司的决策行为方式与当地企业之间的偏差就会愈发明显，"外来者劣势"③ 也将更加突出。东

---

① Mark Granovetter. Economic Action and Social Structure: The Problem of Embeddedness [J]. American Journal of Sociology, 1985, 91 (3): 481 – 510.

② 宋渊洋，黄礼伟. 为什么中国企业难以国内跨地区经营 [J]. 管理世界，2014 (12): 118 – 119.

③ "外来者劣势" 指的是跨国公司与东道国本土企业相比存在的竞争劣势，它使企业跨国投资和经营不得不承担某些额外附加的经济成本和社会成本，而这些成本对于东道国企业来说则是不存在的。参见 Srilata Zaheer. Overcoming the Liability of Foreignness [J]. The Academy of Management Journal, 1995, 38 (2): 341 – 363.

道国政府很容易受此影响对跨国公司形成刻板印象，认为企业活动是不恰当、不符合规范的，并对其国际化意图产生疑虑，对跨国公司采取歧视性对待或发起特殊审查。此外，较大的制度距离还会增加跨国公司正确解读政府政策和意图的难度，使其很难对外界质疑做出及时而有效的回应。① 由于双方沟通交流不畅，东道国对跨国公司的误解也可能会随之加深，最终导致跨国公司因无法获取东道国政府以及社会公众的认同而丧失在当地生存和发展的合法性基础。②

制度理论融合经济学与社会学的研究成果，从跨国经济活动与企业管理的角度出发，对制度距离为跨国公司带来的影响做出了简洁和可量化的分析。③ 然而，早期成果大多将制度距离视为母国和东道国之间客观存在的常量，认为企业只能被动地制定策略以适应制度差异，因此将研究重点放在探寻跨国公司在投资前和进入东道国时如何规避风险的问题上。④ 这种前提预设不仅不利于追踪制度距离对企业进入当地市场后的持续性影响，还忽视了跨国公司调节制度距离和影响东道国国家政策的政治经济能动性。

在制度距离研究领域，近年来以问题为导向的实证研究也在明显增多，特别是 2008 年金融危机后，中国企业的一系列海外活动为研究新兴经济体跨国经济行为提供了丰富素材。学者们发现，来自跨国公司自身的两项因素能够明显起到调节制度距离、间接影响东道国政府认知和

---

① Tatiana Kostova and Srilata Zaheer. Organizational Legitimacy under Conditions of Complexity：The Case of the Multinational Enterprise [J]. The Academy of Management Review，1999，24（1）：64 – 81.

② "合法性"是制度理论的重要概念之一，是由东道国内部成员（政府、非政府组织、利益集团等）基于特定社会的规范、价值观和信仰等架构对跨国公司综合表现做出的评价。合法性高的跨国公司所实施的活动将被认为是可取和适当的。参见 Mark C. Suchman. Managing Legitimacy：Strategic and Institutional Approaches [J]. The Academy of Management Review，1995，20（3）：574.

③ 有关制度距离的概念和量表总结，参见陈怀超、范建红. 制度距离构成维度的厘定和量表开发 [J]. 管理评论，2014（9）：69 – 77.

④ 严若森，钱晶晶. 中国企业国际化背景下的制度距离文献计量分析 [J]. 管理学报，2016（3）：461 – 470.

决策的作用。一是跨国公司的综合国际化经验。组织学习理论认为，企业具有"干中学"的能力，能够在实践中积累经验知识和技能。① 因此，海外运营经验丰富的企业可以将以往经验沿用到投标竞标、交易谈判、制定价格等标准化交易流程中，此举将减弱制度距离对交易完成时间的负面影响。② 不仅如此，企业还将在跨国投资经验的帮助下提升对隐性问题的认知能力和应对技巧，从而更为娴熟地处理非正式制度距离带来的交易障碍。③ 二是跨国公司对东道国制度的学习经历。除了"内部传承"外，企业还可以通过"外部模仿"来规避制度距离带来的外来者劣势。④ 在跨国公司成功进入一国市场后，就会自发或在制度同构的力量下开启对该国政治经济和社会文化制度的学习进程。这是企业为立足海外市场、降低外部不确定性而普遍采取的一种简单而有效的防御性行为。⑤ 在此过程中，除了学习法律法规、行业规制等常规显性知识外，跨国公司还会根据东道国制度环境适时调整原有生产、营销和人事管理等治理架构，促使自身尽快成为与当地社会行为体趋同的"内群体"。⑥ 一般认为，如果企业在拓展某国市场之前，已在该国或与该国制度环境极其相似的国家有过投资经营经验，那么制度学习成果将会显著缩小制度距离。并且企业之前的经营时间越长、投资项目越多，企业行为越可能接近目标国的制度环境要求。

---

① Karl Ericsson and Neil Charness. Expert Performance：Its Structure and Acquisition ［J］. American Psychologist, 1994, 49（8）：725 – 747.

② Desislava Dikova, Padma Rao Sahib, and Arjen van Witteloostujin. Cross – Border Acquisition Abandonment and Completion：The Effect of Institutional Differences and Organizational Learning in the International Business Service Industry, 1981 – 2001 ［J］. Journal of International Business Studies, 2010, 41（2）：223 – 245.

③ Freek Vermeulen and Harry Barkema. Learning through Acquisitions ［J］. The Academy of Management Journal, 2001, 44（3）：457 – 476.

④ 阎大颖. 国际经验、文化距离与中国企业海外并购的经营绩效 ［J］. 经济评论, 2009（1）：84 – 85.

⑤ 张宇婷, 王增涛. 制度距离对外来者劣势的影响：模仿同构的调节效应 ［J］. 当代财经, 2015（4）：100.

⑥ Kai Xu and Michael A. Hitt. Entry Mode and Institutional Learning：A Polycentric Perspective ［J］. Advances in International Management, 2012, 25：149 – 178.

第三节　欧美国家应对中国企业跨国投资的政策分析

如前两节所述，国际政治经济学者发现体系层次的结构、相互依赖以及单元层次的国内政治因素对国家对外经济政策有着重要影响力。具体到中国企业对欧美投资这项活动中，跨国公司的所有制性质与组织架构、企业行业属性与技术特征及其学习东道国制度的难度同样能够影响欧美国家对中国企业的政策反应。作为一项围绕着欧美市场准入壁垒展开的解释性研究，首先有必要对国际体系、国家以及体系与国家的关系做出理论假定。本书认为国际政治经济体系由国家行为体和非国家行为体构成，具有二元主体的特征。①　其中，国家是理性选择主义描述下的理性行为体，其政策行为服从国家整体利益和战略目标。国家具有自主性，能够在综合评判损失和收益之后进行对外经济决策。跨国公司作为非国家行为体，既拥有独立的利益诉求，也具有影响国家政策的能动性。在构建理论框架方面，本书尝试兼顾体系层次和单元层次的变量，将二者结合起来解释国家政策行为。在对影响欧美国家对外经济政策的体系、单元和企业因素进行筛选和综合后，认为欧美国家应对中国企业投资的政策是贸易预期和跨国公司议价能力两个变量综合作用下的结果。

一、贸易预期及其取向

在冷战结束后国际体系压力趋于缓和的现实背景下，更多学者选择从国内政治出发考察国家对外经济政策，越来越多的单元层次变量开始涌现。然而，一些新兴研究视角，如开放经济政治学却出现了忽视宏观体系和国际进程，过分倚重国内政治路径的倾向，这种淡化国际体系及其权力结构的操作正在动摇国际政治经济学区别于经济学和比较政治经

---

①　王正毅．争论中的国际政治经济学 ［J］．世界经济与政治，2004（9）：77.

济学的基石。① 尽管国家的一些政策选择可能是纯粹的国内政治产物，但对外经济政策特别是投资政策无疑是在国际和国内互动中产出的，明显属于国家政治经济学范畴，不应以隔离体系结构及其分配性效应的方式对其进行研究。这是因为一旦如开放经济政治学所青睐的还原主义方法论那样，在研究程序上忽视国际政治而完全基于国内政治对国家对外经济政策进行理论推演，其结论将可能偏离体系动因进而出现严重偏颇。② 特别是在对比分析不同国家对同一企业跨国活动的政策态度时，更需要厘清国家各自面对的外部压力和挑战，并承认体系对国家决策行为的约束性作用及其对不同国家施加的结构性影响。否则，将很容易使后续研究中的体系和单元层次因素发生混淆，因过度强调国家经济政策的独立性而偏离国家生存于一个复杂国际系统之中的事实。③ 因此，由国家行为体和跨国公司共同参与的跨国活动，遵循从体系到国家再到企业的顺序，逐层次筛选影响国家外资政策的变量是十分必要的。

鉴于跨国公司对外投资存在安全方面的外部性和溢出效应，国家有时不会将其作为纯粹的经济行为对待。特别是当跨国投资与关键技术、基础设施等敏感领域关联在一起时，更容易会被东道国直接提升到政府层面考察。同时，单一跨国公司的初期国际化活动大多仅针对目标国某一企业或项目开展，在安全审查阶段的利益相关者④相对有限，难以对东道国特定行业或利益集团形成实质性和规模性的影响。因此，探讨东道国与外国企业在市场准入阶段的互动关系时，采用国家对外经济政策分析的国家主义视角应当比社会中心论更为恰当。在研究设计中，可以适当淡化社会利益集团对审查结果的干预作用，认为国家对跨国公司的

---

①　Robert O. Keohane. The Old IPE and the New ［J］. Review of International Political Economy, 2009, 16（1）: 39.

②　Thomas Oatley. The Reductionist Gamble: Open Economy Politics in the Global Economy ［J］. International Organization, 2011, 65（2）: 311 – 341.

③　李巍，刘玮. 国际政治经济学的第三波? ［J］. 国际政治研究, 2016（1）: 120 – 121.

④　企业管理学意义上的利益相关者指的是外部环境中可能受到企业决策和行动影响的所有相关者，包括消费者、债权人、社区、环境等。参见爱德华·弗里曼. 战略管理: 利益相关者方法 ［M］. 王彦华，梁豪，译. 上海: 上海译文出版社, 2006.

政策反应是服从国家整体利益和目标的。此外，从当前欧美国家外资安全审查的实践来看，这项工作普遍由类似 CFIUS 的专门行政机构主导。尽管审查制度规定了触发安全审查的投资门槛、行业领域和审查流程，但审查程序透明度较低，审查进程也基本不会公开，最终裁量权几乎完全由政府掌控。①

对东道国来说，外国企业投资行为通常具有经济收益确定而安全影响不确定的特征。一方面，跨国公司能够为东道国带去资金、技术和社会福利等方面的收益，并促进东道国与其母国之间的经贸交流和外交关系发展。这一点是确定会发生的，收益的存在是理性国家接受外国资本、采取合作政策的基本前提。另一方面，外国资本又的确可能使东道国面临某些风险。例如，发展中国家认为发达国家资本和技术的流入可能使国内市场和民众产生过度依赖；欧美国家担忧新兴经济体以投资为手段套取先进技术，会令本国失去全球技术优势地位；跨国公司的母国与东道国在市场机制、行为方式等方面存在的明显差异，可能会引起东道国市场和社会文化的震荡；国防和战略资源相关企业一旦由外国资本掌控，还可能为行政管理带来隐患等。这些伴随外国资本流入而产生的外部性风险是难以完全规避的，但其不利后果并不一定必然会发生。这样一来，在经济收益确定而安全风险不确定的条件下，国家如何认识和测评安全风险就显得格外重要，其结果不仅代表着东道国对与跨国公司合作所需承担成本的认知，还会成为最终影响国家整体成本—收益计算的核心指标。同时，也正是因为不同国家对相似项目的安全风险评估结果存在差异，才会导致它们在项目经济效益相近的情况下，对经济收益和安全风险进行不同取舍，进而出现差异化的政策结果。

正如欧美国家外资安全审查制度所展现的那样，各国判断跨国投资是否存在风险的标准是十分模糊和宽泛的。外资流入对基础设施、战略资源、高端产业以及市场规制等诸多非传统安全意义上产生的潜在不利

---

① Stephen Kirchner. Foreign Direct Investment in Australia Following the Australia – US Free Trade Agreement [J]. The Australian Economic Review, 2012, 45 (4): 410 – 421.

影响，都可能成为干扰国家决策的负面因素。可以看出，跨国公司对东道国的安全影响一般不是由企业主动发出的，而是经由国家感知和理解之后产生的评价，主要取决于东道国对双边经贸关系现状和未来的认知。这种认知会直接影响国家对外经济政策，其主观性导致即使在缺乏实质性证据支持的情况下，国家决策者也可能建构出外资风险，预判外国投资行为存在安全隐患，进而对跨国公司采取防御性和抵制性措施。① 在此，为了具体化东道国对双边经贸关系的预期，解释欧美国家对待中国企业的不同政策反应，需要借鉴贸易预期理论构建分析框架。

贸易预期理论由戴尔·科普兰（Dale C. Copeland，2014）提出，主要用于考察大国间经济相互依赖与战争的关系，致力于探寻国家在相互依赖的条件下产生危机或爆发战争的原因，进而明晰国家间的贸易和投资纽带带来和平或引发冲突的因果机制。贸易预期理论认为，商业因素不仅能够影响国际冲突与合作，还会产生正反两方面的影响——一国对与另一国的经贸合作前景的悲观或乐观预测，在很大程度上决定了两国冲突或合作的走向。具体来说，在经济相互依赖的环境中，如果国家对于与另一国的双边经贸关系的预期是正面的，它往往能够竭力维护当前友好状态下所能获得的好处，警惕经贸关系恶化造成的巨大损失，因此会更倾向于采取促进两国良性互动、提高市场开放水平的积极经济政策。反之，如果国家对双边经贸关系的预期是负面的，将导致它担忧与另一国的贸易和外资中断，自身可能因无法获取关键原料和资金、丧失出口市场而付出高额机会成本，甚至陷入经济停滞和衰退。此时，该国决策者很容易认为，既然难以维持双边经贸关系和国内经济的健康发展态势，还不如先发制人地减少乃至切断与另一国的经贸联系，以免其他国家继续从当前经济相互依赖关系中受益而超越自己，进而采取冒险的消极对外经济政策以遏制颓势。②

---

① Raymond Cohen. Threat Perception in International Crisis [M]. Madison: University of Wisconsin Press, 1979: 93.

② 戴尔·科普兰. 经济相互依赖与战争 [M]. 金宝，译. 北京：社会科学文献出版社，2018.

尽管贸易预期理论是一项聚焦国际冲突与和平议题的体系层次理论，但在全球化和相互依赖的时代背景下，各国对于安全的理解正在从军事向经济、技术领域延展，经贸争端也已被认为是相关国家处于不友好或危机状态的表现。① 与此同时，国家之间特别是大国之间使用武力解决冲突的成本显著提升，这使得对外经济政策开始越来越频繁地被国家用作实现经济劝诱、拉近盟友关系、展示战略意志和决心等国家战略目标的工具。与军事手段相比，对外经济政策是一种成本更为低廉的"武器"，拒绝外国投资则是国家运用这一"武器"的常见操作方式。② 美国就曾多次对来自亲密盟友的投资发起安全审查，以此制衡盟友的权力和财富优势。③ 因此，从当前国家间经贸互动的现状和发展趋势来看，将贸易预期理论从战争冲突领域扩展和应用到国际经贸投资领域是合理的。

作为影响国家对外经济政策的重要因果变量，贸易预期是决策者在对多种客观材料进行综合筛选和观察后，又经过逻辑推理而做出的理性判断。具体到跨国投资活动中，尽管企业本身几乎不可能主动与国家形成冲突和对抗，其投资行为绝大多数也是受商业利益驱使而非政治任务，但当前欧美国家对待中国企业的政策态度仍然会受到自身对中国贸易预期的影响，习惯在双边经贸关系的框架下考察中资交易。根据贸易预期理论，影响欧美国家贸易预期取向的因素主要有以下六项：（1）中国的整体经济增长水平及其在双边经贸关系中获得的相对收益；（2）中国与本国经济相互依赖的对称性与互补性；（3）中国与本国国内政治的不确定性；（4）第三方国家的限制作用，如自身是否需要减少与中

① Matthew O. Jackson and Massimo Morelli. The Reasons for Wars：An Updated Survey［J］. The Handbook on the Political Economy of War，2011（34）：17.

② Ashley Thomas Lenihan. Balancing Power without Weapons：State Intervention into Cross - Border Mergers and Acquisitions［M］. Cambridge：Cambridge University Press，2018：2 - 4.

③ 在2008～2011年间美国审查的外国投资案中，英国连续四年成为受审次数最多的国家，受审交易数量分别为48件、17件、26件和25件。资料来源：根据美国商务部经济分析局（BEA）的国际贸易和投资国别数据整理得出，详见 https：//apps. bea. gov/international/factsheet/。

国经贸合作来支持第三方国家；（5）第三方国家的国内不稳定性因素，如国内政治风波是否会干扰对外经贸关系；（6）第三方国家的干预、介入和施压。[①] 考虑到中资交易个案极少像经贸争端或军事冲突一样波及第三方国家，因此在以上述理论为基础构建解释框架时，应更侧重考察前三项影响贸易预期的内生性因素，并增加对国际生产分工关系、全球价值链体系等经济因素的关注。

结合贸易预期理论与欧美国家的外资政策实践来看，当出现以下情况时，东道国更容易对中国或中资交易产生负面贸易预期：其一，中国的经济实力不断增长且发展势头强劲，在国内生产总值、国家财政收入、进出口贸易总量等方面的经济表现已经超越东道国。其二，中国与东道国的经济相互依赖关系具有非对称性，且中国的敏感性和脆弱性低于东道国。即双边贸易中断或遭受其他外部冲击时，东道国不得不付出比中国更为高昂的代价。其三，中国在国际生产分工体系中的地位相对提升，与东道国的贸易逆差增大，导致双边经贸关系的互补性相对降低。其四，东道国与中国的双边政治关系恶化，或是其国内出现投资保护主义、贸易单边主义等不利于双边经贸发展的思潮。此外，尽管中国对外投资是以互利互惠为原则进行的，但在客观上难以保证交易双方获得的收益完全一致。例如，一些由处于全球价值链上游企业发起的投资可能使东道国担忧对中国产生技术和资本依赖，一些带有股权控制型特征的跨国收并购项目则可能会令东道国担忧技术和知识产权流失。

从当前中国与欧美国家的经贸互动来看，中国已成为全球第二大经济体，经济运行总体稳定，高质量发展坚定有力。作为全球经济增长的主要稳定器和动力源，中国对世界经济贡献显著提升，依赖度则呈相对下降的趋势。对此，一些欧美国家因认知偏差和误读、力量消长带来的心理失衡以及维护既得利益的需求，对与中国经贸关系的预期出现消极认知。但具体到欧美国家对单一中国企业投资行为的贸易预期，还需结

[①]　李波，刘昌明. 中美经贸摩擦的成因与对策：基于贸易预期理论的视角 [J]. 太平洋学报，2019（9）：71－81.

合案例更加细致地考察中国与投资对象国的双边竞合关系、是否存在零和博弈、投资者在全球产业链中的相对位置以及特定企业在该国从事经济活动的方式等不同情形。

二、议价能力及其水平

长久以来，无论是国际安全还是国际政治经济学研究者，都倾向于从国际体系层次上构建理论，防御和进攻性现实主义、新自由制度主义和世界体系论等理论成果皆反映出这一研究取向。[①] 冷战结束后，在全球化的带动下，国家间生产、贸易和金融联系不断增强，国际政治关系经济化和国际经济关系政治化的趋势愈发明显。这导致过往国际关系研究中的"高政治"议题和"低政治"议题之间的界限变得模糊，促使学术热点开始向对外直接投资、国际货币金融和国际贸易等领域延伸。在此背景下，对于本就较为关注国际和国内互动以及国内政治进程的国际政治经济学者来说，其分析层次也出现明显下移。由此，来自国内层次的国家政治体制、社会利益团体和行业要素等相关变量纷纷开始进入国际政治经济学研究者的理论视野。然而，受制于这种自上而下分析路径的思维束缚，现有研究中从跨国公司的微观视角自下而上理解国家对外经济政策的成果还十分有限。

跨国公司不仅是经济行为体，还具有政治属性和功能。它们是国家海外利益拓展的主要践行者，也是国家形象的承载者和传播者。同时，母国也为企业参与对外投资提供着基础性条件和外部特定优势。对于处于国际化初级发展阶段的中国企业来说，新技术产品往往具有前期资金投入比例高、研发前景不确定等特殊性，短期内很难取得约翰·邓宁认为企业拓展海外市场所需要具备的"OIL"优势。"OIL"代表的三种优势指的是由技术、企业规模、组织管理和金融优势构成的"所有权优

---

① 田野，刘毅. 中国国际政治经济学理论研究的进展与问题 [J]. 国际政治研究，2016（1）：153.

势"，能够使市场交易成本趋于最小并克服外部市场失灵的"内部化优势"，以及包括东道国自然禀赋优势、制度政策和基础设施在内的"区位优势"。① 因此，当前中国企业"走出去"很大程度上需要依靠由中国国际地位、国内政治经济环境和国民收入水平等要素组成的基础性条件，以及国家政策扶持和产业保护造就的企业外部比较优势。② 尽管欧美国家在发展历史中也曾多次为本国重大技术研发和新兴产业提供政策和资金支持，但近年来这些国家频繁以政府资助为由指责中国政府与企业的关系不符合市场经济原则、干扰公平竞争。③ 受此影响，欧美国家在审查外国资本的实践中，习惯于将中国国有企业与中国政府等同，并将受政府补贴的非国有企业与中国政府捆绑在一起对待，这种做法在短时间内很难完全转变。

在企业层面，跨国公司所有制性质和治理架构、与东道国的制度距离以及企业行业属性和技术特征是影响东道国外资政策以及跨国交易结果的重要因素。具体到本书的研究来看，由于案例研究的对象是在同一欧美国家多次发起相似投资交易或是在不同国家从事相似投资活动的特定中国企业，一方面，东道国通过观察企业所有权归属、国家资助情况和高级管理者背景等现实要素后，对企业与政府关系做出的评判应是相似的；另一方面，当前主要欧美国家对于关键审查对象的设定具有趋同性，同时，同一企业的行业属性和投资范围在相似跨国投资项目中也不会发生明显偏差。因此在后续案例研究中，可以基本排除跨国公司所有制性质和治理架构、企业行业属性两方面因素在东道国决策过程中的作

---

① 邓宁是国际投资理论中"国际生产折衷论"的奠基人，他在斯蒂芬·海默（Stephen Hymer）"垄断优势理论"的基础上提出，跨国公司之所以拥有发展跨国投资的能力和意愿，是因为跨国公司具有本土企业所没有的"OIL 三优势"。参见 John H. Dunning. Toward an Eclectic Theory of International Production：Some Empirical Tests［J］. Journal of International Business Studies，1980，11（1）：9–31.

② 裴长洪，郑文. 国家特定优势：国际投资理论的补充解释［J］. 经济研究，2011（11）：22–23.

③ 李滨，陈怡. 高科技产业竞争的国际政治经济学分析［J］. 世界经济与政治，2019（3）：153.

用。经过变量筛选之后，企业与东道国的制度距离、企业的技术特征将成为跨国公司层面影响欧美国家对中资交易的成本—收益计算的核心因素，并能够最终对准入壁垒起到调节作用。

为了综合考察上述两项因素，可以引入议价能力（bargaining power）的概念。在跨国交易情境下，议价能力指的是跨国公司在与东道国政府协商交易的过程中，解决双方分歧、争取更多利益、向政府施加压力以及影响交易结果的能力。① 决定企业议价能力水平的根本因素是跨国公司控制或扣留东道国所需资金、技术或设备等资源的能力。此外，企业与东道国的协商谈判是否富有技巧、沟通是否顺畅也是其议价能力的重要体现。②

从已有研究来看，传统研究大多将欠发达国家定位为投资吸收国，并将欧美跨国公司视为在双方交易中拥有极大优势和不对称权力的一方。③ 虽然在以中国为代表的新兴经济体对外投资能力日益提升的现实背景下，这种学术倾向有所转变，研究重点却集中于新兴跨国公司面向欧美国家制造业、基础设施建设以及能源勘探开发等领域的投资行为。由于上述领域的投资需要跨国公司向东道国投入大量固定资产，在运营中还具有技术外露和可迁移性强的特征。④ 以此为基础进行的研究通常认为，跨国公司一旦开始向东道国投入固定资本，就会发生"沉没"。⑤ 在之后的生产经营过程中，跨国公司原本持有的核心技术与管理经验也

---

① Klaus Knorr. The Power of Nations：The Political Economy of International Relations ［M］. New York：Basic Books，1975：8；Stephen J. Kobrin. Testing the Bargaining Hypothesis in the Manufacturing Sector in Developing Countries ［J］. International Organization，1987，41（4）：617 – 618.

② Lorraine Eden and Maureen Appel Molot. Insiders，Outsiders and Host Country Bargains ［J］. Journal of International Management，2002，8（4）：365.

③ C. Fred Bergsten，Thomas Horst，and Theodore H. Moran. American Multinationals and American Interests ［M］. Washington：Brookings Institution，1978.

④ Alvin G. Wint. Has the Obsolescing Bargain Obsolesced? Negotiating with Foreign Investors ［A］. in Robert Grosse（ed.）. International Business and Government Relations in the 21st Century ［C］. Cambridge：Cambridge University Press，2005：315 – 338.

⑤ 斯蒂芬·科布林（Stephen Kobrin）曾通过研究跨国公司在石油工业领域的投资经营活动印证了这一论断。详见 Stephen J. Kobrin. Diffusion as an Explanation of Oil Nationalization：Or the Domino Effect Rides Again ［J］. The Journal of Conflict Resolution，1985，29（1）：3 – 32.

会逐步被东道国企业和员工学习掌握。这样一来，跨国公司最初的优势将随着时间推移逐渐丧失，导致其议价能力不断降低，非市场性风险随之升高。①

　　然而，从经验事实来看，这一结论并不能很好地适用于高新技术企业。一方面，高新技术企业的经营模式是以轻资产、高附加值为特征的，其跨国投资过程中能够被东道国"控制"的大额固定资产相对较少。另一方面，在日益完善的国际知识产权制度保护下，高新技术扩散不仅可以得到抑制，跨国公司还可以凭借高价值和高竞争力的技术迅速在东道国获取可观的市场份额和用户黏度。在这种情况下，高新技术企业撤离东道国反而可能导致东道国国内产业链断裂，引发社会公众的不满情绪，从而使政府陷入尴尬境地。② 因此，至少可以认为高新技术企业的议价能力不会随着与东道国交往的加深而降低。

　　在明确企业议价能力的内涵及其行业特征的基础上，再考虑到跨国公司调节母国与东道国原始制度距离的能动性，可以通过以下三个方面来衡量中国企业对欧美投资时的议价能力水平：（1）企业的跨国经济活动对东道国技术及相关产业的影响是改进和补充而非竞争和转移时，议价能力较强。（2）企业针对投资目标国的制度学习经历越丰富，议价能力越高。已有研究表明，制度学习成果能够显著减少跨国公司与东道国因制度距离而产生的摩擦，并且双方交往时间越长、合作项目越多，企业表现越可能接近投资目标国的制度环境要求，与东道国沟通也会更为顺畅。③（3）企业如果已经进入目标国市场，那么它在该国的本地嵌入水平越高，议价能力将会越高。本地嵌入水平反映了跨国公司与东道政府、企业以及公众之间通过互动产生的各种正式或非正式联系，以

　　① Thomas A. Poynter. Managing Government Intervention：A Strategy for Defending the Subsidiary [J]. Columbia Journal of World Business, 1986, 21（4）：55 – 65.

　　② Charles E. Stevens and Joseph T. Cooper. A Behavioral Theory of the Governments'Ability to Make Credible Commitment to Firms：The Case of the East Asian Paradox [J]. Asia Pacific Journal of Management, 2010, 27（4）：587 – 610.

　　③ Yael V. Hochberg, Alexander Ljungqvist, and Yang Lu. Networking as a Barrier to Entry and the Competitive Supply of Venture Capital [J]. The Journal of Finance, 2010, 65（3）：829 – 859.

及这些联系的紧密程度。[①] 跨国公司本地嵌入水平越高，越能够节省企业和东道国在原有基础上达成合作的时间成本以及某些关联性项目的价格成本。同时，嵌入活动还可以促使东道国政府和社会基于合法性逻辑对企业行为及其后果建立起稳定预期，帮助跨国公司摆脱外来者劣势。[②]

三、准入壁垒及其类型

国家生存在一个由国家行为体和非国家行为体共同构成的国际政治经济系统中。在体系层次，体系结构会对处于不同权力和财富位置的国家产生分配性影响，国家之间不对称的相互依赖关系也会影响国际经济互动进程。在单元层次，国家在实现整体利益目标的过程中，并不总是只追求绝对安全而无视外商投资为本国带来的经济收益，这决定了大多数国家的对外经济决策过程是在安全利益和经济收益之间寻找平衡点。具体到东道国应对跨国公司投资的决策过程中，国家会在体系与单元因素的共同作用下，形成对企业投资风险的贸易预期。在更微观的层次，跨国公司作为跨国交易的另一个主体，可以通过自身持有的资金和技术等资源影响东道国对项目的成本—收益计算。因此，在构建解释欧美国家应对中国企业投资的政策分析框架时，需要将贸易预期和议价能力作为自变量对待，而因变量则可以进一步具体化为欧美国家针对中国企业设置的投资准入壁垒。

跨国公司在国际市场中不仅是经济实体，还时常被视为与其母国国家利益直接关联的行为体，这种复杂角色使企业跨国活动非常容易遭遇东道国政府设置的政治壁垒。[③] 不同于发生于经济系统内部，由经济行为体施加的结构性进入壁垒和策略性进入壁垒，政治壁垒是由政府通过

---

① Aino Halinen and Jan - Åke Törnroos. The Role of Embeddedness in the Evolution of Business Networks [J]. Scandinavian Journal of Management, 1998, 14 (3): 187 - 205.

② 李雪灵，万妮娜. 跨国企业的合法性门槛：制度距离的视角 [J]. 管理世界，2016 (5): 184.

③ Lin Cui and Fuming Jiang. State Ownership Effect on Firms' FDI Ownership Decisions Under Institutional Pressure: A Study of Chinese Outward - Investment Firms [J]. Journal of International Business Studies, 2012, 43 (3): 270.

行政性手段设置的，也可称之为行政性进入壁垒。① 根据跨国交易的不同阶段，可以将政治壁垒划分为准入壁垒、经营壁垒和退出壁垒。② 当前中国企业投资欧美市场的主要障碍是发生于项目落地前的准入壁垒，这也是本书的研究重点。

准入壁垒具体体现为在跨国公司进入东道国市场之前，东道国政府通过各种行政工具直接或间接对企业设置的限制和阻碍。③ 从中国企业对欧美投资的实践来看，准入壁垒并不是只存在"有"或"无"两种非此即彼的状态。即使跨国交易进入安全审查环节之后，东道国政府也可能做出直接拒绝交易、要求企业降低并购股权份额后二次审查、要求企业剥离关键技术后接受投资④、要求企业接受质询或做出安全承诺后批准交易⑤等多种政策回应。可见，准入壁垒存在多种类型，对这一因变量的操作化可通过综合考察跨国交易的结果和事前交易成本⑥两方面因素进行。

一般来说，交易结果是比较容易判定的，存在着交易被东道国政府完全准入、部分准入、完全禁入三种状态。当交易结果为完全禁入时，意味着政府已经明确发布难以逆转的禁令，双方未达成交易。因此，可以直接将这类情况认定为企业遇到了最高程度的准入壁垒，用数字"4"代表。然而，如果交易结果是完全准入或部分准入，那么还需进

---

① 赵农，刘小鲁. 进入与退出的壁垒：理论及其应用［M］. 北京：中国市场出版社，2007：32 – 38.

② 中华人民共和国商务部. 国别贸易投资环境报告［M］. 北京：人民出版社，2003：5.

③ Benjamin Gomes – Casseres. Firm Ownership Preferences and Host Government Restrictions: An Integrated Approach［J］. Journal of International Business Studies，1990，21（1）：1 – 22.

④ 例如，2013 年万向集团在并购美国规模最大、技术最先进的锂电池制造商 A123 系统公司的过程中，主动剥离了美国军方使用相关技术，并放弃了所有军工和政府合同。在此基础上，万向集团最终通过 CFIUS 审查，整个并购过程历时 5 个月。

⑤ 例如，联想集团在 2005 年收购 IBM 公司个人电脑业务时，美国国会议员以国家安全为由阻挠该项目开展。随后，联想与 IBM 管理人员专门组建交涉团队，耗时一个多月游说 13 个美国政府部门，并做出"附加承诺"后才令交易通过审查。附加承诺包括联想保证公司并购后独立经营、不录用技术研发人员、并购后继续接受 CFIUS 的安全监督等。

⑥ 一般来说，可以以签订契约为界将跨国公司与东道国的交易成本（transaction costs）划分为事前交易成本和事后交易成本，即制定合约所需花费的成本和执行合约需要付出的成本。参见奥利弗·E. 威廉姆森. 资本主义经济制度：论企业签约与市场签约［M］. 段毅才，王伟，译. 北京：商务印书馆，2010.

一步具体分析跨国公司为此付出的事前交易成本，可将其再细分为四种情况：（1）交易结果为完全准入，项目未受到政府安全审查或其他行政干预，仅经过一般性流程即被完全准入、顺利落地。这类项目的事前交易成本低于或等于大多数跨国公司投资该国市场的平均值，属于准入壁垒最低的类型，用数字"1"代表。（2）交易结果为完全准入，但是跨国交易在完成前曾遭遇行政干预，随后企业在投入一定人力、物力、财力或时间成本后，最终与东道国达成预期合作。这类项目虽然起初并不顺利，但企业遭遇的政策风险存在较大的回旋空间，并取得了良好管控效果，故将其对应的准入壁垒用数字"2"表示较为合适。（3）交易结果为部分准入，东道国政府明确使用行政手段介入了企业投资活动，并在较短时间内做出了拒绝跨国公司进入本国市场某些领域，或是限制企业进入份额的决策。这类项目的审查过程通常较短，企业干预政府决策的空间或能力有限，因此并未产生过高的事前交易成本，也可用数字"2"来描述相应的准入壁垒。（4）交易结果为部分准入，项目曾遭遇政府反对和阻挠，但政府未做出完全禁入的决策。随后企业通过接受国会质询、做出附加安全承诺、游说政府部门和利益集团等方式，得以达成部分预期目标，但仍未能获得某些区域的准入许可。这类项目投入的事前交易成本较高，且只获得了部分预期结果，可见其面临的准入壁垒较高，用数字"3"代表。

为了方便考察后续案例中中国企业所遭遇的准入壁垒水平，可综合交易结果与事前交易成本两个维度构建一个准入壁垒的类型细分表（见表3-2）。

表3-2　　　　　　　　　　准入壁垒的类型细分表

事前交易成本	交易结果		
	完全准入	部分准入	完全禁入
＞平均水平	准入壁垒：2	准入壁垒：3	准入壁垒：4
≤平均水平	准入壁垒：1	准入壁垒：2	

注：表中数字代表不同程度的投入准入壁垒，其中"1"表示最低，"4"表示最高。

四、欧美国家对中国企业设置准入壁垒的因果机制

由于本书所要解释的问题是特定国家的具体政策及其差异，而不是国际体系中那些持久而反复出现的行为模式，因此更倾向于借鉴新古典现实主义解释国家对外政策的逻辑来明晰因果机制，但在寻找中介变量时则从单元层次继续延伸到更微观的跨国公司个体层次。在分别对自变量贸易预期、议价能力和因变量准入壁垒进行可操作化之后，可以发现，贸易预期是在体系压力之下产生的，并经过国家层次某些"次要但直接"的物质性和观念性因素的加工之后得以转化形成，对国家对外经济政策起着塑造和约束作用。[①] 跨国公司议价能力反映的是企业影响东道国决策的物质实力和其他特定优势，是企业能动性的体现，它将在贸易预期划定的国家决策范围内对跨国交易结果发挥不同程度的调节作用。通过考察跨国公司在不同国家的议价能力，可以更好地分析在体系结构和贸易预期相对稳定的较短历史时期内各国对跨国投资表现出的差异化政策。

遵循上述理论逻辑，针对欧美国家应对中国企业跨国投资的政策做出如下假设：第一，贸易预期框定了东道国政府对待中资交易的决策和行动范围，也决定了跨国公司议价能力是否能够起到以及在多大程度上起到调节准入壁垒的作用。第二，国家对企业投资活动的贸易预期越消极，越倾向于对其采取拒绝态度，进而设置更高的准入壁垒；反之，国家的贸易预期越正面，越倾向于与企业达成合作，准入壁垒的程度也会随之降低。第三，跨国公司议价能力越高，越可能在国家行为决策框架内降低准入壁垒，使交易结果更接近于预期目标。为明晰上述因果机制，表3－3描述了自变量与因变量之间的逻辑关系。

---

① William C. Wohlforth. The Elusive Balance: Power and Perception During the Cold War [M]. Cornell: Cornell University Press, 1993: 294; Jennifer Sterling – Folker. Realist Environment, Liberal Process, and Domestic – Level Variables [J]. International Studies Quarterly, 1997, 41 (1): 22.

表 3 - 3   贸易预期、议价能力与准入壁垒的逻辑关系

议价能力		贸易预期	
		负面	正面
高	政策结果	部分准入	完全准入
	准入壁垒	3	1～2
低	政策结果	完全禁入	部分准入
	准入壁垒	4	2

注：表中数字代表不同程度的投入准入壁垒，其中"1"表示最低，"4"表示最高，具体情形需要对照表 3 - 2 加以理解。

结合表 3 - 3 可以看出，贸易预期和议价能力对准入壁垒的作用分别是约束性和调节性的。贸易预期反映的是体系和国家层次的要素，以自上而下的方式影响国家对外经济决策；议价能力则与跨国公司自身因素紧密关联，无法脱离贸易预期的束缚而独自改变国家政策结果。上述特征也决定了贸易预期结果变化的前提，即国际体系格局或是国家之间的力量对比发生了某些结构性变化。因此，与贸易预期相比，跨国公司塑造自身议价能力的能动性更强，具有在短时间内提升议价能力的可能性。在考察议价能力的作用时，将贸易预期对因变量的影响降到最低的理想方式是在体系结构相对稳定的中短期内，对比分析同一企业在不同时期面向同一国家发起的相似跨国交易。

为了解释核心研究问题并检验研究假设，需要分别考察贸易预期、议价能力以及二者组合力量对国家政策的影响，并选择合适案例展开研究。作为案例主体的中国企业应符合的标准是：（1）在企业总体规模、行业技术以及国际化战略等方面具有代表性意义；（2）投资涉及基础设施、关键技术、高端制造业等敏感性较高的行业；（3）国际化经验丰富，并在投资欧美时兼有成功和遇阻的经历。此外，考虑到中国企业对外投资的特征，所选案例应以跨国并购为主，并兼顾国有企业和非国有企业。

基于上述原则，本书拟选取国家电网和万向集团两个中国大型跨国

公司作为案例分析对象，共涉及两家企业投资欧美市场的四次活动。其中，国家电网作为中国特大型国有企业，曾以跨国并购的方式先后尝试进入葡萄牙和德国电网市场，两国的贸易预期取向存在明显差异，交易结果分别以成功和失利告终；万向集团是中国优秀的民营企业，海外投资经验丰富，先后在美国、英国、加拿大等欧美国家设立分公司。万向集团为抢占世界清洁能源制高点，曾收购美国 A123 系统公司和菲斯科公司两家企业。万向集团在收购菲斯科公司时的议价能力有了大幅提升，这种变化作用于美国政府的决策过程，使此次收购得到了当地政府的大力支持。万向集团由此全面进入新能源汽车产业，形成完整的产业圈。

第四章

国家电网并购葡萄牙和德国
企业的准入壁垒分析

本章将首先对国家电网并购葡萄牙 REN 公司（2011～2012 年）和德国 50Herz 公司（2017～2018 年）的跨国活动进行对比分析，以此来考察贸易预期的作用机制。国家电网是中国特大型国有跨国公司的代表，它在葡萄牙和德国投资境遇和交易结果截然不同，分别是成功并购和遇阻搁浅。以上两笔跨国并购案的时间跨度较大，期间中国在国际政治经济体系中的相对位置发生了明显变化，但国家电网的议价能力是相似的。这对于理解 2008 年金融危机以来欧美国家对中资交易的整体态度变化，以及贸易预期在国家对外经济决策中的作用有着重要意义。

第一节　国家电网的国际化历程

中国国有企业是最早响应国家号召"走出去"的实践者，并在中国对外投资布局中长期扮演着主力军的角色，与中国海外利益得失息息相关。随着中国经济实力和海外投资规模快速增长，国际社会对中国国有企业依附于政府、长期享有补贴优势等非议也逐渐增多，导致国有企业的跨国活动正在遭受着前所未有的阻力。[1] 国家电网从 2010 年开始保

---

① 李欣. 国有企业"走出去"与当代中国外交海外困局［J］. 国际展望，2012（2）：18.

持在世界 500 强企业名录的前 10 名的位置，从国家电网的海外业务布局来看，其国际化历程开始于 2006 年，目前在全球四大洲均有投资，并已成功进入澳大利亚、葡萄牙、意大利、希腊等欧美国家市场，是全球最大的公共事业跨国企业。

一、国家电网的企业情况与特征

国家电网是由中央直接管理的国有独资企业，也是关系国民经济命脉和国家能源安全的特大型重点骨干企业，其核心业务是投资运营电网，核心目标是建设成为具有中国特色国际领先的能源互联网企业。国家电网在中国境内的经营区域覆盖 26 个省份、88% 以上的国土面积。在国内业务和经验累积的基础上，国家电网的国际化之路起步较早，对外投资经验丰富，在世界范围内拓展电网业务已成为其实现"网联天下"发展蓝图的重要途径。目前，国家电网已在菲律宾、巴西等发展中国家以及澳大利亚、意大利、葡萄牙等欧美国家实现稳健运营，并在美国、德国、日本等 8 个国家设立了驻外办事处，产能合作覆盖 83 个国家和地区。[①]

国家电网虽然在行业上属于电力能源公司，但由于其基本使命是保障安全、经济、清洁和可持续的现代电力供应，因此其运营方式带有明显的资本和技术密集型特征。国家电网曾相继在智能电网、清洁能源发电、特高压交直流输电技术和输配电网络等技术领域攻克一系列难题，这些核心技术成为了国家电网保障中国电力能源供应和开拓国际市场的坚实基础和独特优势。

特高压交直流输电技术（以下简称特高压）是国家电网成功掌握并实际投入应用的核心尖端技术，这项技术扭转了中国电力工业长期跟随欧美国家步伐发展的被动局面，使中国成为首个也是目前唯一全面攻克特高压技术、拥有整套设备制造能力，并将特高压输电项目投入商业

---

① 辛保安. 国家电网如何打造负责人的国家形象？[J]. 中国报道, 2019（1）：30 – 32.

运营的国家。① 国家电网对这项技术的研发开始于2004年，为解决当时中国国内能源资源分布不均的难题，并完成"西电东送"和"北电南供"的电力供应任务，国家电网便着手研发特高压技术。② 由此，国家电网在短短几年间便掌握了具有自主知识产权的特高压输电技术，其技术水平位于世界前列，拥有世界上最先进的直流输电技术和最大的直流输电容量。③ 此外，国家电网还配套研发和制造出整套特高压输电装备，并建立起了完整而系统的特高压输电技术标准体系，已主导编制21项相关国际标准。这意味着国家电网不仅在特高压输电领域处于国际领先地位，还在一定程度上掌握了制定国际标准的主导权。④ 国家电网之所以能够成功入驻多个国家，与这项占据世界电网科技制高点地位的特高压技术及其带来的经济、环境和社会等综合效益有着不可分割的关系。例如，从社会效益来看，特高压具有产业链长、带动力强的优势。以这一技术为核心可以催生涵盖装备、工程承包和运营管理等环节的完整产业链条，由此产生的社会投资规模也可达到特高压项目投资规模的两倍，还将在扩大就业规模和推动产业转型升级方面发挥更为深远的作用。⑤

鉴于特高压技术的国际竞争优势及其产生的规模性效益，在保障国内电力供应、完成技术积淀的基础上，国家电网开始寻求通过跨国投资

---

① 20世纪70年代，美国、苏联和日本就已开始研究特高压输电技术，并分别取得了不同程度的技术突破，但三国均缺乏将这项技术大规模投入应用的实际运营经验。具体来说，美国目前仍未建成特高压输电线路，与其国内电网联结需求小、建设难度大、投资回报慢以及联邦政府态度不积极等原因有关；日本虽然在该领域取得了一大批前瞻性和基础性的世界水平成果，但其特高压线路建成后一直以500千伏运行；苏联在1985年建成世界上第一条1150千伏的特高压试验线路，目前降压运行。详见张章奎. 国内外特高压电网技术发展综述 [J]. 华北电力技术，2006（1）：1-2.

② 刘振亚，张启平. 国家电网发展模式研究 [J]. 中国电机工程学报，2013（7）：1-10.

③ 兰琳宗. 特高压：打造电力输送"超级动脉". 中央纪委国家监委网站，2018-9-29，http://www.ccdi.gov.cn/xbl/201809/t20180928_180584.html.

④ 李高望，张晶晶. 特高压直流输电技术达国际领先水平 [N]. 国家电网报，2016-7-13.

⑤ 田书欣，程浩忠，常浩，等. 特高压电网社会效益分析及评价方法 [J]. 电气自动化设备，2015（2）：145-153.

将特高压技术和设备输出海外。2014年2月，国家电网与巴西国家电力公司联合中标的巴西美丽山一期特高压直流项目，是中国实现特高压技术、装备、建设、运营一体化"走出去"的重要起点。

二、国家电网"走出去"的成就与挑战

国家电网是较早响应中国"走出去"战略的大型国有企业之一。近年来，依托自身在特高压、智能电网等领域的领先技术，以及在电网建设和运营管理方面的丰富经验，国家电网布局海外市场的步伐不断加快，现已先后在多个国家并购国家级电网公司、投资优质资产以及承包重点工程。从总体上看，截至2020年6月，国家电网已成功投资运营9个国家和地区的骨干能源网，所有项目全部实现盈利，并在全球设立了10个办事处和两个海外科技研究院。此外，国家电网还在埃及、土耳其、巴基斯坦等20多个国家和地区设立驻外代表处和分支子公司，在亚洲、非洲和拉丁美洲将近40个国家参与建设或开发输变电市场，其业务范围涵盖国家级骨干网、特高压、中低压配网、中高压变电站、电网维护等多个领域。

首先，在对外直接投资方面，跨国并购是国家电网采取的主要投资方式。国家电网现已进入巴西、菲律宾、葡萄牙、澳大利亚、意大利、希腊、阿曼和智利市场，所有项目运营平稳、全部盈利，并且其并购对象均为当地国家级骨干能源公司。截至2020年6月，国家电网的境外投资额累计约230亿美元，管理境外资产650亿美元。与此同时，国家电网在突破特高压技术之后便开始更加积极地开发国际绿地项目，现已成功中标巴西美丽山一期和二期项目、巴西特里斯皮尔斯水电送出一期和二期项目等多个大型输电项目的特许经营权，并采用"BOOT模式"[1]

---

[1] "BOOT模式"指的是企业按照建设、拥有、经营和转让步骤建设的基础产业项目。企业在项目建成后拥有约定期限内的所有权和经营权，期满后则需将项目移交当地政府，属于对外直接投资活动。

投资建设巴基斯坦默蒂亚里—拉哈尔 ±660 千伏直流输电项目。

其次，在对外承包工程（foreign contracted projects，FCP）① 方面，国家电网由于具备技术、管理、人才和品牌等综合专业优势以及国际工程承包经验，因此在推动跨国电网互联互通、电力国际产能合作和国际交流等方面扮演着积极角色。特别是在"一带一路"沿线国家中，国家电网立足电力能源本业，发挥着促进基础设施联通、资金融通和贸易畅通的重要作用。

最后，在驻外机构设置方面，国家电网在全球先后设立 10 个办事处，分布在美国、俄罗斯、德国、印度、日本、澳大利亚等国家。办事处的主要职责是加强与所在国家和地区政府、行业商会、企业以及科研院所等部门的交流与合作，并跟踪、推进跨国投资与能源合作。此外，国家电网还在美国和德国分别设立了美国研究院和欧洲研究院，目的在于开展智能电网、电力大数据、智能感知与测量等高精尖领域的技术合作和项目研究。②

具体到对外直接投资领域，凭借着世界领先的输配电技术，国家电网在十余年里将发展空间延伸至全球四大洲，其跨国投资策略清晰明确，国际拓展道路体现出以依托主业为基础，以稳健经营和风险可控为投资前提的特征。③ 尽管在国家电网当前的资产和业务构成中，国内部分仍然占有压倒性比重，但其管理的海外资产总规模④已达 650 亿美元，

---

① 对外承包工程是一种相对成熟的国际拓展方式，其特征在于实现服务、技术或货物"走出去"，因此对外承包工程并不都属于对外直接投资。具体还需要结合跨国公司是否取得项目管理经营权，或是项目收益是否与工程完成后甲方的效益直接相关进行判断，至少满足以上一项条件的对外工程承包活动才可以被视为跨国投资。参见蔡阔，邵燕敏，何菊香，等. 对外承包工程对中国对外直接投资的影响 [J]. 管理评论，2013（9）：21－28.

② 以上四个自然段中的数据和信息均来自于国家电网官方网站公布的境外投资、境外工程和驻外机构等信息。详见 http://www.sgcc.com.cn/html/sgcc_main/col2017041325/column_2017041325_1.shtml.

③ 王倩倩. 国网"一带一路"乘风破浪 [J]. 国资报告，2018（3）：78－81.

④ 国家电网的海外业务由国际并购运营、境外工程承包、设备制造输出、国际交流合作与国际标准制定五大板块构成，其中并购运营业务与部分工程承包业务属于对外直接投资行为。

其中对外直接投资额约占 1/4。① 更为重要的是，国家电网的境外项目全部实现盈利，且环境和社会效益良好，其项目平均净资产收益率在 10% 以上，这样的成就在"走出去"的中国企业特别是能源型企业中是首屈一指的。② 2006 年，国家电网开始迈出走向海外市场的第一步，其收购对象是菲律宾国家输电网 25 年特许经营权的 40% 股权。这是菲律宾历史上规模最大的私有化拍卖，也是国家电网首次获得海外国家级电网的运营管理权。③ 2009 年 1 月，该项目正式投入运营，国家电网在第一年就取得了大于 10% 的投资回报，并展现出成熟的电网运营技术和管理经验，以此收获了良好的国际声誉。自此，国家电网共在 6 个国家运作完成多笔对外直接投资交易，项目详情及其战略意义见表 4 - 1。

表 4 - 1　　国家电网跨国投资成功的主要项目一览（截至 2022 年 5 月）

时间	跨国投资项目详情及其战略意义
2009 年 1 月	获得菲律宾国家输电网 25 年特许经营权 40% 的股权，迈出跨国投资经营的第一步。
2010 年 12 月 2012 年 12 月	两次共收购巴西 12 家输电特许权公司 100% 的股权，实现投资新兴经济体的突破。
2012 年 5 月	收购葡萄牙国家能源网公司（REN）25% 股权，这是国家电网首次进入西方市场、中国电力公司首次入股欧盟国家级电网公司。
2012 年 12 月 2013 年 4 月	先后通过收购和增持共获得澳大利亚南澳输电网公司 46.56% 的股权，首次成功对澳大利亚投资，布局大洋洲市场。
2014 年 1 月	收购新加坡能源国际澳洲资产公司（SPIAA）60% 股权和新加坡能源澳网公司 19.9% 股权，首次成功投资海外配电和配气资产。

---

①　吴津钰，罗立. 中国国家电网海外并购成功策略分析［J］. 南方能源建设，2016（1）：17 - 18.

②　赵胜利，李晓兵，杨玉群，等. 基于 DEA 的电网海外投资项目过程后评价研究［J］. 电网与清洁能源，2018（1）：39 - 40.

③　Roel Landingin and Richard McGregor. China State Grid group wins Philippine auction［N］. Financial Times，2007 - 12 - 12，https：//www. ft. com/content/f385a5d6 - a88d - 11dc - ad9e - 0000779fd2ac.

时间	跨国投资项目详情及其战略意义
2014 年 2 月	与巴西电力公司联合中标巴西美丽山水电特高压直流输电一期项目，国家电网占股 51%，首次实现特高压技术"走出去"
2014 年 11 月	从意大利存贷款公司（CDP）收购意大利存贷款能源网公司 35% 的股权，这是当时中国企业在意大利规模最大的单笔投资。
2015 年 7 月	中标巴西美丽山水电特高压直流输电二期项目，首次独立投资特高压项目，实现技术、建设、装备一体化"走出去"
2015 年 11 月	国家电网澳洲资产子公司中标澳大利亚东北天然气管线开发项目，成为首次在澳大利亚开展绿地投资的项目。
2016 年 9 月 2017 年 1 月、12 月	三次共收购巴西最大私营电力企业 CPFL 公司 94.76% 的股权，实现巴西市场电力发、输、配、售业务全覆盖。
2017 年 6 月	收购希腊国家电网 24% 的股权，助力"一带一路"向西延伸。
2019 年 12 月	收购阿曼国家电网公司 49% 的股权，首次在中东地区成功投资。
2020 年 11 月	收购智利电网公司 CGE 的 96.04% 股权，进一步开拓南美洲市场。

资料来源：根据国家电网官方网站以及国务院国有资产监督管理委员会发布的公开资料整理得出。

一直以来，国家电网都将对外投资的主要目标国设定在政治环境稳定、政策法规透明、电力市场成熟的欧美国家和新兴经济体。然而，随着近年来欧美国家大力收紧外资监管政策，国家电网的国际化之路正在变得越来越坎坷。在当前欧美国家的外资政策背景下，由于国家电网的所有制性质为国有独资，其业务又涉及电力能源、基础设施等关键领域，这些因素将导致国家电网对欧美国家的投资几乎必然会进入外资安全审查的环节。此外，从技术方面来看，目前国家电网的特高压项目大多分布于巴西以及"一带一路"国家，欧美国家因其地理条件、国内需求等原因对这一技术的需求度较低。因此，国家电网面向欧美国家长期采取的投资方式是跨国并购而非绿地运营。在此情况下，一方面跨国并购可能直接影响东道国对关键资源的管理控制权，另一方面即使国家电网在并购计划中选择降低股权份额或是放弃控制权,其投资带动的税收、就业等社会效益也相对有限。以上皆为欧美国家对接纳国家电网投资积极性不高的原因。

第二节 国家电网并购葡萄牙和德国企业的对比分析

国家电网在向葡萄牙和德国发起跨国投资之前,均没有在当地市场投资经营的经历。其中,对葡投资案发生于 2008 年金融危机和欧洲债务危机爆发后,也是中国企业大规模"走出去"的初期阶段,对德投资案则发生于欧美国家普遍收紧外资安全审查政策的国际环境下。在两次跨国投资活动间隔的时间段中,中国经济和技术实力迅速增长并冲击着原有国际政治经济体系,一跃成为世界第二大经济体和资本净输出国。基于上述条件,通过对比分析国家电网在葡萄牙和德国的两笔投资案,可以在议价能力相近的情况下,考察欧美国家近十年对中国企业跨国投资整体的贸易预期变化以及贸易预期对准入壁垒的影响。

一、国家电网并购葡萄牙国家能源网公司的过程及结果

2012 年 5 月 25 日,国家电网与葡萄牙国有工业控股公司在里斯本完成收购葡萄牙国家能源网公司(Redes Energéticas Nacionai,REN)25% 股权的交割工作。此次跨国并购是国家电网在投资菲律宾和巴西项目之后,首次进入欧美市场,并且收购对象是葡萄牙唯一的国家级能源传输公司,无论是对国家电网自身海外业务拓展,还是对中葡、中欧经贸合作都具有重要的战略意义。此次并购完成后,国家电网凭借 25% 的股权持有份额成为 REN 公司的第一大股东,在董事会中享有一名副董事长和两名董事席位,并已派遣首席技术官等企业高级管理人员参与

REN 的日常经营管理和新市场开发工作。①

国家电网并购 REN 公司案发生于国际金融危机尚未平息、欧洲债务危机迅速蔓延的国际背景下，当时的葡萄牙正深陷财政收支困境，成为继希腊和爱尔兰之后第三个"倒下"的欧元区国家。在欧盟成员国中，葡萄牙的总体经济实力较弱，其经济增速于 2001 年后便开始放缓。在美国次贷危机的波及之下，葡萄牙 2009 年的国民经济出现负增长，政府为应对危机开始扩大公共财政支出，导致其公共债务和财政赤字大幅增长，该年葡萄牙的财政赤字率高达 9.3%。在 2010 年 9 月爱尔兰陷入债务危机，并于 11 月向欧盟和国际货币基金组织申请救援后，欧洲资本市场对各国债务问题的担忧情绪普遍加剧，又进一步导致葡萄牙融资成本骤增。在公共债务、通货膨胀、失业率上升、主权评级下跌等多重压力之下，葡萄牙政府不得不于 2011 年 4 月向欧盟委员会申请援助，并最终在 5 月与欧盟委员会、欧洲中央银行和国际货币基金组织达成救援协议，获得了 780 亿欧元的援助资金。② 为获得援助资金，葡萄牙政府与三个组织达成协议，保证立即在国内进行大规模财政整顿，并承诺在 2013 年将财政赤字率降低到 3%。为达到这一目标，葡萄牙着手实施国有企业私有化的计划，同意出售政府持有的航空、石油、电力电网等国有企业股权，并鼓励私人投资者自愿持有相关资产。③

在 2008 年金融危机造成世界经济大滑坡，尤其是西方国家经济陷入相对衰退的背景下，中国在力保本国经济稳定的同时，在缓解国际金融市场压力、促进国际贸易以及对外援助等方面发挥了格外重要的作用。④ 与此同时，中国将"走出去"提升至国家战略层面，国家电网在

① 国务院国有资产监督管理委员会. 国家电网公司成功完成葡萄牙国家能源网公司 25% 股权收购 [N]. 2012 - 5 - 28, http://www. sasac. gov. cn/n2588025/n2588124/c3853384/content. html.

② 李巍，邓允轩. 德国的政治领导与欧债危机的治理 [J]. 外交评论, 2017 (6): 76 - 77.

③ 谢世清，王赟. 国际货币基金组织（IMF）对欧债危机的援助 [J]. 国际贸易, 2016 (5): 39.

④ 张薇. 金融危机与中国的作用 [J]. 国际问题研究, 2009 (4): 21 - 22.

国家政策鼓励下，也已通过跨国并购和特许权经营等方式在菲律宾和巴西积攒了海外投资经验和良好国际声誉。国家电网在其 2011 年的国际化业务规划中，也明确了全力实施国际化战略、大力推动电力技术与设备出口、稳妥推进国际电力能源合作的目标。① 然而，尽管当时国家电网已具备"走出去"的实力和一定的国际竞争优势，但其海外业务布局还仅局限于发展中国家，正在寻找进入欧美市场的时机与突破口。因此，葡萄牙政府发布的出售包括 REN 在内的国有企业股权和资产的详细计划，为国家电网提供了开拓欧洲市场的难得契机。

随后，国家电网密切跟进葡萄牙电网企业私有化项目，并迅速开展跨国并购的前期准备工作。在对葡萄牙法规政策、REN 公司经营状况、项目收益与风险等情况进行详细调研之后，国家电网决意对 REN 公司发起并购。为促成双方合作，国家电网一方面积极展开与 REN 公司的高层交流互访活动，向葡方展示自身技术实力和业务能力。另一方面，国家电网及时向中国政府报告项目进展与双方交流成果，并得到了相关部门的大力支持。在此基础上，2011 年 10 月 24 日，国家电网向葡萄牙政府递交非约束性投标函。经过国家电网与葡萄牙政府、REN 公司的多番接触和协商之后，葡萄牙政府于 2012 年 2 月 2 日宣布国家电网以 3.87 亿欧元收购 REN 公司 25% 的股权，每股收购价为 2.9 欧元。根据公开信息显示，该价格较 REN 公司 2 月 1 日的收盘价溢价约 40%。此外，为满足 REN 公司的再融资需求和新投资计划，国家电网还额外承诺由中国国家开发银行为其提供 10 亿欧元的融资资金。② 可以看出，2011 年前后葡萄牙正深陷债务危机，急需出售部分国有资产，不排斥引入外国资本。同时，国家电网也具有走进欧美市场、扩充跨国投资经验以及增强国际竞争力的诉求，并对运营成熟、经营稳健的 REN 公司表现出了强烈的收购意愿。因此，双方合作的互补性较强，整个交易过

---

① 国务院国有资产监督管理委员会. 国家电网公司权力实施国家化战略［N］. 2011 - 4 - 6，http：//www. sasac. gov. cn/n2588025/n2588124/c3850615/content. html.

② 何欣荣. 中资企业海外收购潮起云涌［N］. 国际金融报，2012 - 2 - 14（8）.

程进展很快，交易结果基本符合双方预期。

二、国家电网并购德国 50 赫兹公司的过程及结果

在成功并购葡萄牙 REN 公司 25% 股权并进入欧洲市场之后，国家电网又先后于 2014 年和 2017 年分别完成对意大利存贷款能源网公司 35% 和希腊国家电网公司 24% 的股权收购，进一步拓展了欧洲业务布局。以此为基础，国家电网曾于 2017 年和 2018 年两次对德国 50 赫兹（以下简称 50Herz）公司部分股权发起收购，但受到德国收紧外资安全审查制度以及德国社会抵触情绪的影响，两次收购均因德国政府施加干预而失利。

50Herz 公司是德国四大高压输电运营商之一，该公司经营稳健、技术先进，主要负责建设和维护德国东部和北部的电网系统。50Herz 公司曾投入大量资金用于可再生能源的相关研究，并在德国能源转型过程中扮演着关键角色，其调度区内的可再生能源比重超过五成。在输电技术方面，50Herz 公司擅长整合和调控受气象条件影响较大的风力电能，并具有在经受极大输出电压波动的情况下平稳输送可再生能源和传统电能的成熟技术。对于近年来大力推进新能源战略的中国，以及迫切需要解决清洁能源消纳难题的国家电网来说，50Herz 公司所拥有的先进技术知识具有相当大的吸引力。[①] 2010 年，比利时电力供应商埃利亚（Elia）和澳大利亚基础建设投资机构（IFM Investors，以下简称 IFM）分别从瑞典大瀑布电力公司（Vattenfall）收购 50Herz 公司 60% 和 40% 的股权。两家机构共收购 50Herz 公司 100% 股权，交易总价为 8.1 亿欧元。国家电网的两次收购计划是针对 IFM 先后抛售的 40% 股份进行的。[②]

2017 年底，IFM 发布拟出售 50Herz 股份的计划，国家电网随即开始了投资 50Herz 公司和开拓德国市场的第一次尝试。在 IFM 的计划公

---

① 李小峰. 国家电网促进清洁能源发展 [J]. 科技风，2018（22）：188.

② 瑞典大瀑布电力公司（Vattenfall）发布的 2010 年度报告，2010 Annual Report [R]，2010：2，https://group. vattenfall. com/siteassets/corporate/investors/annual – reports/2010/annual_report_2010. pdf.

布后，国家电网与 IFM 和 50Herz 公司进行接洽，并给出以 8 亿到 10 亿欧元向 IFM 购入 50Herz 公司 20% 股权的报价。[①] 参考 2010 年 50Herz 公司股权交易的价格，可以发现国家电网对 IFM 手中 20% 股权的报价超过了当时 100% 股权的交易总价。面对如此有竞争力的报价，IFM 和 50Herz 公司均对国家电网表现出了积极的合作意向。

在此前的 2017 年 7 月，德国联邦经济和能源部刚刚完成对《对外经济法》实施条例《对外经济条例》的第九次修订。此次修订对德国原有外资安全审查制度进行了大幅改革，其改革重点集中在认定关键行业、引入主动申报义务和延长审查期三个方面，并未变更原有条例要求超过 25% 的股权交易强制申报的门槛。[②] 因此，国家电网收购 50Herz 公司 20% 股权的计划实际上并未达到触发德国外资安全审查的条件，政府本无权对其启动审查程序或直接否决。然而，德国政府认为能源部门属于与公共秩序和安全直接相关的产业，并且 50Herz 公司还拥有关键技术以及电力供应网络等关键性基础设施，这些均与德国的能源安全、技术优势和公众利益息息相关，因此需要采取措施阻止国家电网收购 50Herz 公司。由于无法凭借《对外经济法》及《对外经济条例》的法律授权直接介入该笔跨国交易，德国政府便选择与 50Herz 公司的大股东埃利亚进行磋商，试图说服埃利亚行使股东优先购买权收购 IFM 出售的 20% 股份。[③] 最终埃利亚在 2018 年 3 月 23 日宣布以 9.765 亿欧元优先收购 50Herz 公司 20% 股权，将自身持有的股权份额由 60% 增持至 80%。[④] 这标志着国家电网第一次收购 50Herz 公司的计

---

① 李英，胡佳欣. 德国外商投资国家安全审查研究 [J]. 中国国际私法与比较法年刊，2020（1）：327 – 328.

② 卢进勇，李小永，李思静. 欧美国家外资安全审查：趋势、内容与应对策略 [J]. 国际经济合作，2018（12）：7.

③ 寇蔻，李莉文. 德国的外资安全审查与中企在德并购面临的新挑战 [J]. 国际论坛，2019（6）：107.

④ Elia Group. Elia has Decided to Acquire an Additional 20% Stake in German Transmission System Operator 50Hertz [N]. Elia. be，2018 – 3 – 23，https：//www. elia. be/en/news/press – releases.

划在德国政府的政治干预下以失利告终。

2018 年 5 月底，IFM 宣布继续出售持有的 50Herz 公司剩余 20% 股权，国家电网随之发起第二次并购 50Herz 公司的尝试。2018 年 6 月上旬便有德国媒体称 IFM 已与国家电网达成股份转让协议，埃利亚也表示受财务能力所限不会再像之前一样参与此次收购。然而，德国政府仍然以技术和安全考量为由致力于阻止该笔交易，并不得不再次在外资安全审查制度框架之外寻找干预国家电网交易的途径。为此，德国政府与埃利亚经过多次协商后达成协议，埃利亚同意再次使用优先购买权购入 20% 股份，德国政府承诺埃利亚可以在购买之后立即将其转卖给德国国有政策性银行——德国复兴信贷银行（KFW）。最终，埃利亚在 2018 年 7 月又一次以近 10 亿欧元的价格优先购入 IFM 第二次出售的 50Herz 公司 20% 股权，并将其转售给了德国复兴信贷银行，德国政府由此间接地成为 50Herz 的持股人。面对德国社会对于国家干涉私营企业经营的质疑和批评，德国政府表示这样的交易结果只是一个"过渡性解决方案"，政府会在未来将这部分股份出售给"合适的投资者"。德国复兴信贷银行仅负责保管和代售股权，联邦政府则暂时行使和承担对于 50Herz 公司的参与权和企业战略责任。[①] 至此，国家电网两次跨国并购 50Herz 公司的尝试均因遭遇德国政府设置的准入壁垒而搁浅。这场交易表明，即使外来投资并未达到东道国的安全审查门槛，也可能遭遇东道国政府以其他形式施加的政治干预。

三、葡萄牙和德国并购案中的准入壁垒、议价能力与贸易预期

一直以来，国家电网在选择海外项目方面都极其精准，其国际化策

---

① KFW. KFW Acquires 20% of Shares in Eurogrid/50Hertz on Behalf of the German Federal Government [N]. 2018 - 07 - 27, https://www.kfw.de/About - KfW/Newsroom/Latest - News/News - Details_481216. html.

略体现出以下三个特点：一是投资目标国政局稳定、市场化程度高；二是投资项目级别高，运营稳健，具有一定影响力；三是投资项目与国家电网的整体业务布局相协同，能够发挥弥补国内技术缺口、带动产业链设备输出以及促进国际能源合作等战略作用。在回顾国家电网收购葡萄牙 REN 公司和德国 50Herz 公司的背景、过程及结果后，可以发现两家公司均为当地技术成熟、运营平稳的国家级能源电力供应商。同时，葡萄牙因主权债务危机而对 REN 实施私有化的举措，为国家电网进入欧洲市场提供了良好契机，德国 50Herz 公司则具备平稳输送清洁能源电能的突出技术优势，这些因素使得国家电网对 REN 公司和 50Herz 公司均有着较强的收购意愿。然而，从交易结果来看，国家电网与葡萄牙的交易成功达成，但它在德国的投资却两度遭遇行政干预，最终迫于政治阻力而未能进入德国市场。为了解释国家电网面向两国的投资目标和并购方式相似，但交易结果却大相径庭的原因，需要对其跨国并购过程中的准入壁垒、议价能力和贸易预期三个要素分别进行测量。

首先，对于准入壁垒的测量，应当在综合考察交易结果和事前交易成本两方面因素的基础上进行。国家电网在并购 50Herz 公司案中，明显遭遇过德国政府的阻挠。最终 IFM 两次出售的 40% 股权分别由比利时埃利亚和德国复兴信贷银行购买，国家电网未能完成并购。鉴于这笔投资的交易结果为完全禁入，因此无需再计算国家电网为其付出的事前交易成本，可以直接认为准入壁垒已达到最高程度（对应表 3-2 中的"4"）。

国家电网在并购葡萄牙 REN 案中，完成了收购 REN 公司 25% 股权的目标，并成为持有 REN 公司股份最多的股东，拥有三个董事会席位和经营管理权，其交易结果为完全准入。至于国家电网在此次投资中是否遭遇准入壁垒，以及准入壁垒的程度如何，还需进一步结合事前交易成本加以测量。在此次 REN 公司股权私有化项目中，除国家电网外，还存在另一位竞购者——阿曼国家石油公司，该公司以 2.56 欧元/股的价格成功收购 REN 公司 15% 股权，较成交前一日 REN 公司收盘价 2.07 欧元/股溢价约 28%。与之相比，国家电网的收购价是 2.9 欧元，较成交前一日 REN 收盘价溢价约 40%。此外，作为葡萄牙政府批准交易的条件之一，国家电网还承诺由中国国家开发银行在交易完成后陆续向REN 提供 10 亿欧元的融资资金。① 尽管国家电网收购 REN 的溢价在合理范围内，但经过与同期竞购者的报价对比仍然可以看出，国家电网为达成合约而花费的事前交易成本要明显高于阿曼国家石油公司。基于此，应认为国家电网在该笔交易中遭遇到了准入壁垒，但壁垒程度较低（对应表 3 - 2 中的"2"）。

其次，就议价能力水平而言，国家电网在葡萄牙和德国表现出的议价能力均处于较低水平。一方面，从跨国投资经历来看，国家电网并购REN 公司和 50Herz 公司是其首次针对葡萄牙和德国电力市场发起的跨国活动，国际经验相对匮乏。具体来说，国家电网在收购 REN 之前完全没有在欧美国家投资经营的经历，并且是第一次采取直接并购股权而非获取特许经营权的方式开展跨国投资。此外，虽然国家电网曾于2014 年在德国柏林成立智能电网研究院欧洲分院，但该机构的主要职能是从事技术研发和培养科技人才，与德国政府和本土电力运营商的互动相对有限。这意味着国家电网只能依靠查阅法律法规、访谈专业人员、咨询第三方机构等间接方式来了解两国的投资政策和流程，欠缺许多在实践中才能积累起来的谈判和沟通技巧。这样一来，鉴于中国与葡萄牙、德国的初始制度距离较大，而国家电网又缺乏制度学习途径来缩小制度距离，因此其外来者劣势格外突出。

另一方面，从资源和技术水平来看，国家电网并不具备掌控葡萄牙和德国急需稀缺资源的能力，其技术竞争力也处于相对低位。与发展中国家不同，发达国家自身已经拥有比较成熟完善的电网系统，基本不存在电力供应和运输紧张的问题。也正是由于这一原因，国家电网多采用建设能源基础设施的绿地投资方式拓展发展中国家市场，而在欧美国家则倾向于通过跨国并购来参与当地电网的改造和管理运营业务。② 另

---

① 黄烨. 国家电网吃"洋葡萄"［N］. 国际金融报，2012 - 2 - 7（7）.

② 翟向阳. 实施国际化经营战略是创建国际一流企业的必由之路［J］. 电力建设，2002（2）：7 - 8.

外，欧洲国家因金融危机和主权债务危机的打击，对于新建输电线路和谋求跨国电网互联的意愿骤降，这种现状大大压缩了国家电网的特高压技术在欧洲发挥优势的空间。① 再考虑到国家电网并购 50Herz 公司的主要目的之一是希望将 50Herz 公司的先进清洁能源输送技术"引进来"，可见国家电网很难通过自身技术竞争力和吸引力在与葡萄牙、德国的交易中占据主导地位。

最后，由于葡萄牙和德国并购案中，国家电网的议价能力是相似的，且均处于较低水平，其调节贸易预期或变更交易结果的作用都极其有限。因此，贸易预期将成为影响两国对中资交易经济与安全利益权衡结果的主要因素，通过对比分析葡萄牙和德国的贸易预期取向，将有助于明确贸易预期在两国对外经济决策中的作用。

第三节　贸易预期影响下的葡萄牙和德国市场准入壁垒

2008 年金融危机以来，中国在世界政治经济体系中的权力和财富地位，以及欧美国家对中国对外投资的贸易预期发生了一定变化。作为多年居于世界 500 强前列的中国特大型骨干企业，国家电网的国际拓展历程几乎是中国企业"走出去"的缩影。同时，在近些年充斥着"逆全球化"、投资保护主义和经济民族主义思潮的国际环境中，国家电网所面临的困境也同样代表了一大批中国国有企业在海外市场中共同遭遇的难题。

一、葡萄牙对国家电网并购 REN 公司的贸易预期

中国企业面向欧洲市场的投资是发展中国家对发达国家的一种"逆向投资"，欧洲有着先进技术和广阔市场，但也与中国在市场规制和社

---

① 刘栋，车斌. 国家单位积极参与欧洲输电网络建设［N］. 人民日报，2013 - 8 - 14（3）.

会文化等方面存在巨大差异，这使得中国企业走进欧洲成为了一条机遇和风险并存的国际化路线。① 在"走出去"战略实施初期，中国企业的国际化水平较低，即使是国家电网这样的大型企业也难以在国际市场中以有力竞争者的面貌出现，因此中国企业早期对发达经济体的直接投资长期发展缓慢、徘徊不前。2005 年起，中国对欧盟直接投资出现上扬趋势，2005 ~ 2007 年中国对欧盟的投资年均增长率高达 277.9%。2008年后席卷欧盟的金融危机和债务危机在对中欧进出口贸易造成一定负面影响的同时，也为中国对外投资创造了重要机遇，许多企业在"抄底效应"的驱使下纷纷加大对欧投资力度。② 2009 年中国对欧盟投资创纪录地接近 30 亿美元，较上一年度增长 5.35 倍，并在 2010 年继续保持成倍增长。③ 国家电网并购 REN 公司的跨国活动正是发生于葡萄牙深陷金融和债务危机困境，中葡、中欧贸易关系不断深化发展的国际背景之下。

葡萄牙政府在 2011 年 5 月获得欧盟援助资金后，急需出售部分国有资产以缓解债务危机。当时，葡萄牙国内未设置特殊形式的外资安全审查制度，欧盟层面也尚未建立起统一的外资监管框架。总体来说，葡萄牙对外国企业投资的态度十分开放，准许任何形式的外来投资，仅对于跨国并购有着明确的限定条件，其目的主要在于防止垄断经营的局面出现。根据相关规定，外国投资者针对葡萄牙企业的行业内收购股权份额不得超过 5%，跨行业收购可放宽至 10%。此外，外国投资者若想成为在葡萄牙公司董事会占据席位的战略股东，就必须获得政府的批准和支持。④ 然而，葡萄牙政府在国家电网收购 REN 案中却对这些限制进行

① Yasuhiro Yamakawa, Mike W. Peng, and David L. Deeds. What Drives New Ventures to Internationalize from Emerging to Developed Economies [J]. Entrepreneurship: Theory & Practice, 2008, 32 (1): 59 - 82.

② 关于欧债危机对中欧进出口贸易负面影响的相关数据分析，参见潘正彦. 欧债危机加剧下中国外贸发展态势分析 [J]. 国际贸易，2012 (2): 10 - 14.

③ 庞明川，刘殿和，倪乃顺. 欧债危机背景下中国对欧盟直接投资问题研究 [J]. 财贸经济，2012 (7): 83 - 84.

④ 走出去公共服务平台. 对外投资合作国别（地区）指南 - 葡萄牙 [Z]. 2019, http://fec.mofcom.gov.cn/article/gbdqzn/index.shtml#.

了放宽处理，整个交易过程仅三个多月。这一决策是葡萄牙政府对该笔跨国并购案的风险和收益进行理性计算后做出的。

客观来看，国家电网并购 REN 公司案涉及能源技术、电力供应和基础设施等敏感领域，对葡萄牙来说的确存在一定投资风险。但国家电网具备竞争力明显的资金优势，能够为当地经济发展和社会就业提供强大助力，这是葡萄牙政府倾向于接纳其投资的重要原因之一。正如前景理论所描述的那样，不同国家的决策者对于本国现状的认知是不同的，以此为参考点，他们相对于收益更厌恶损失，并且更重视国家利益的变化量还不是最终值。① 也就是说，当国家正处于有利位置和收益框架时，为了保护既得利益，他们的决策会更为谨慎，不愿承担风险；而当国家处于不利位置和损失框架时，他们则希望通过合作来减少损失，更容易接受风险。② 2011 年，葡萄牙正处于损失框架内，直到 2014 年其经济才逐步复苏，并宣布退出欧盟委员会、欧洲央行和国际货币基金组织的主权债务危机援助计划。因此，葡萄牙政府在对国家电网并购 REN 公司案进行风险—收益评估时，更倾向于赋予存在"确定性效应"的经济收益更大权重，③ 从而对可能出现的安全风险持相对包容的态度。

除了经济收益之外，葡萄牙对与国家电网和中国的整体贸易预期也呈正面积极的取向。一方面，从中国的经济实力及其与葡萄牙的经贸互动关系来看，两国在经济、技术和安全领域的合作互补性较强，不存在明确的竞争关系。国家电网收购 REN 公司时，中国企业正处于探索国际化道路的初级阶段，不具备在发展模式或是观念制度方面冲击葡萄牙国内市场的实力，国家电网也尚未在全球产业链中取得绝对优势地位。此外，中国 2011 年对欧盟对外直接投资存量仅占其全部存量的 5.8%，

---

① Jack S. Levy. Prospect Theory, Rational Choice, and International Relations [J]. International Studies Quarterly, 1997, 41 (1): 87.

② Maria Fanis. Collective Action Meets Prospect Theory: An Application to Coalition Building in Chile, 1973 – 75 [J]. Political Psychology, 2004, 25 (3): 363 – 388.

③ 林民旺. 前景理论与外交决策 [J]. 外交评论, 2006 (5): 66.

流量同比增长 26.8%。当时的欧盟是中国的第一大贸易伙伴、第一大进口来源地、第一大出口市场和第一大技术引进来源地，而中国则是欧盟的第二大贸易伙伴、第一大进口来源地和第二大出口市场。① 这反映出中欧在经贸方面的相互依赖关系密切，但中国的敏感性和脆弱性稍强，欧盟经济的复苏而非衰退更符合中国的发展利益。② 另一方面，从中国对外投资的政治影响来看，中国综合国力增长对葡萄牙造成的地缘政治压力微乎其微。2005 年，中葡两国达成《中葡两国促进和相互保护投资协定》《中葡经济合作协定》，并建立起全面战略伙伴关系。2011 年 REN 公司并购案时期，中国在葡萄牙的投资存量为 3313 万美元，同比增长 50%，同年在德国的存量为 240114 万美元。③ 可见，中葡之间的经贸关系正处于合作上升期，还有很大发展空间。另外，国家电网并购 REN 的活动是针对葡萄牙政府主动发布的国有企业私有化计划发起的，也是国家电网进入葡萄牙市场的首次尝试，双方利益诉求具有高度一致性。同一时期，还有中国长江三峡集团公司参与到葡萄牙国有企业私有化的进程中，并于 2011 年 12 月成功中标葡萄牙电力公司（EDP）21.35% 股权。④ 因此，无论是国家电网还是其他中国企业均不存在恶意并购葡萄牙企业大额股份的投资意图，葡萄牙政界、商界和民众对中资交易也整体表现为友好、欢迎的态度。

二、德国对国家电网并购 50Herz 公司的贸易预期

与并购葡萄牙 REN 公司相比，国家电网收购德国 50Herz 公司时所面临的国际和东道国国内环境更为复杂。随着中国"一带一路"倡议

---

① 郑腊香. 欧债危机下政治因素对中欧经贸关系的影响及其对策研究 [J]. 国际经贸探索，2012（8）：61.

② 崔洪建，童天齐. 后危机时期的中欧经贸关系 [J]. 国际问题研究，2010（5）：15.

③ 中华人民共和国商务部，国家统计局，国家外汇管理局. 2011 年度中国对外直接投资统计公报 [M]. 北京：中国统计出版社，2012：38.

④ 国家能源局. 中国三峡集团成功中标葡萄牙电力公司 21.35% 股权. 2011 - 12 - 23, http：//www. nea. gov. cn/2011 - 12/23/c_131322561. htm.

和"走出去"战略的深入开展，中国在融入国际经济体系的过程中取得巨大成就，已在 2011 年和 2013 年相继成为世界第二大经济体和全球最大商品贸易国，对世界经济发展的影响越来越突出。西方国家在金融危机后经济相对衰退，世界投资和贸易低迷，而中国经济总体却持续保持稳健，其对外直接投资流量从 2008 年开始出现爆发式增长，并从 2012 年至今始终保持在世界前三的位置。① 然而，对于中国对外直接投资来说，2017 年是一个关键转折点，中国自加入世界贸易组织以来对外投资流量首度出现负增长，同比下降 19.3%。之所以出现这种情况，一方面是因为中国政府为了引导企业投资回归理性和成熟发展，开始在 2017 年出台政策主动为过热的海外投资降温，大力加强对企业跨国投资真实性和合规性的审查力度。② 另一方面则是因为这一时期欧美国家普遍着手收紧外资监管政策，就连一向审查相对宽松的欧盟也在谋求建立统一的外资安全审查框架，这使得中国企业不得不面对更高的投资准入风险。

作为欧盟核心成员国，德国不仅积极推动《欧盟外资审查条例》出台，还在 2017 年和 2018 年连续两次修订本国《对外经济条例》，旨在对外来资本实施更为严格的管理。德国多年来一直是最受中国企业青睐的投资目的地之一，截至 2021 年底，中国对德直接投资存量达 167 亿美元，分布于各行业部门的投资项目数量超过 2000 个。③ 对于与德国经济合作紧密的中国企业来说，德国的一系列外资政策调整产生了很大负面影响，直接体现为中国企业对德国投资出现断崖式下跌。2016 年中国企业在德国完成 68 件跨国并购交易，创历史新高。2017 年德国政府收紧外商投资政策后，相继对超过 50 笔并购交易发起政治审查，其

① 中华人民共和国商务部，国家统计局，国家外汇管理局. 2018 年度中国对外直接投资统计公报［M］. 北京：中国统计出版社，2019：7.

② 中华人民共和国商务部，国家统计局，国家外汇管理局. 2017 年度中国对外直接投资统计公报［M］. 北京：中国统计出版社，2018：6 - 7.

③ 走出去公共服务平台. 对外投资合作国别（地区）指南 - 德国［Z］. 2022：31，ht-tp://www. mofcom. gov. cn/dl/gbdqzn/upload/deguo. pdf.

中超过 1/3 与中国资本有关。受此影响，2018 年中国企业在德国仅完成 34 件并购交易，这一数字是五年来的最低值。① 也正是在此背景下，国家电网并购 50Herz 公司的尝试遭遇了较大阻力。

自 2016 年中国企业在德国投资存量剧增并向高新技术领域拓展以来，德国政府和社会公众对中资交易的贸易预期降低，使国家电网 2017 年和 2018 年并购 50Herz 公司时所面临的政治和舆论环境异常复杂。这体现在以下两方面。

一方面，从中国的经济实力及其与德国的经贸互动关系来看，中德两国在高端产业和高新技术领域的竞合关系以及经济相互依赖状态正在发生深刻变化。在以往中德经贸交往中，中国主要为德国供应日常消费品和低科技含量的中间产品，德国则为中国提供高回报率、高附加值的消费品和技术产品，双方经贸结构具有明显互补性。然而，随着中国经济和技术实力快速增长，中国企业已在国际生产分工体系中的部分领域取得市场和技术优势，这导致以往以互补性为主的中德经贸关系特征逐渐发生转变。② 此外，从中德两国的相互依赖关系来看，金融危机以来中国在中德双边贸易中长期存在的贸易逆差正在缩小，德方已经出现贸易逆差的迹象。根据德国联邦统计局发布的数据，2018 年德国从中国进口 1061.7 亿欧元，对中国出口 931.3 亿欧元，德方逆差 130.4 亿欧元。③ 与此同时，中国对德国的经济贸易依赖度正在波动中逐渐下降，德国对中国的依赖度反而呈现出由弱变强的趋势，这种逆转意味着德国在双方经济相互依赖关系中的敏感性与脆弱性有所提升。④

---

① 德国联邦统计局，https://www.destatis.de/DE/Home/_inhalt.html.

② 徐书宜. 中德贸易的竞争性、互补性与未来发展方向研究 [J]. 商业经济研究，2017 (5)：143 – 145.

③ 根据中国海关的统计数据，中国仍然在中德贸易中处于贸易逆差位置。2018 年中德双边贸易额为 1838.8 亿美元，中国对德国出口 775.5 亿美元，自德国进口 1063.4 亿美元，中方逆差 287.8 亿美元。资料来源：中华人民共和国外交部. 中国同德国的关系. https://www.fmprc.gov.cn/web/gjhdq_676201/gj_676203/oz_678770/1206_679086/sbgx_679090/.

④ 张俊玲，张玉泽，张晓青. 基于引力模型的中德双边贸易现状及潜力评价 [J]. 世界地理研究，2016 (6)：21 – 22.

另一方面，从德国国内对中国投资的政策态度来看，德国仍然将中国视为合作伙伴，不寻求将两国经贸关系"脱钩"，但同时也对中资交易存在一定认知偏差，并在关键原材料、尖端技术和高端制造业等领域表现出保守主义倾向。特别是由于《中国制造 2025》与德国"工业4.0"和《国家工业战略 2030》都不约而同地将目光聚焦在高端制造业，并且两国的主攻方向都是数字化和智能化制造，令德国担忧中国会取代自身在全球产业链和尖端技术领域的优势地位。[1] 此外，从近几年中国企业在德国的投资活动来看，随着中国产业升级的意愿越来越迫切，中国企业不再以并购经营不善、出售价格较低的德国企业为目标，而是将投资目光转向运营稳健、拥有特殊技术优势的成熟公司。面对这种商业化转变，德国在经济下行、贸易逆差以及保守主义思潮等因素的影响下，开始着手将改革外商投资政策提上日程，限制外国资本进入基础设施和高新技术领域。[2] 以上种种反映出在中国经济、技术实力和国际影响力快速提升背景下，中德经贸关系中出现的一些结构性变化，德国随之对外资政策和对华贸易预期进行了调整。这些因素导致在国家电网并购 50Herz 公司时，德方的负面贸易预期超越经济利益考量而成为影响德国政府行为决策的主导因素。

三、贸易预期影响葡萄牙和德国市场准入壁垒的作用机制

国家电网收购葡萄牙 REN 公司和德国 50Herz 公司发生于两个重要时间节点，期间中国和中国企业在世界市场和国际政治经济体系中的相对位置产生了明显变化。2012 年前后，中国企业刚刚在国际社会崭露头角，技术水平还处于中低端位置。当时，一些欧美国家正因金融危机和主权债务危机陷入经济衰退，急需吸纳外国资本或私人资本来摆脱困

---

① 寇蔻. 产业政策能否提高企业绩效？——基于德国高科技战略的实证分析 [J]. 欧洲研究，2019（4）：111 - 129.

② 走出去公共服务平台. 对外投资合作国别（地区）指南 - 德国 [Z]. 2019：99 - 100，http：//fec. mofcom. gov. cn/article/gbdqzn/index. shtml#.

境。2017～2018 年前后，中国企业的海外投资热潮开始引发多国关注，世界 500 强中的中国企业数量已接近美国，并在某些技术领域实现"弯道超车"。同时，中西方国家在知识产权保护、经济发展模式、国际经贸规则等方面的分歧逐渐加深，欧美国家开始普遍收紧外资安全审查制度，相关政策调整对中国企业表现出指向性。

通过考察国家电网跨国并购葡萄牙 REN 公司和德国 50Herz 公司的案情始末，可以发现两笔并购案具有以下三点相似之处：（1）收购对象 REN 公司和 50Herz 公司均为当地经营稳健、技术领先的国家级能源企业；（2）国家电网采取的市场拓展方式都是旨在取得经营权和控制权的跨国并购，并且其报价具有绝对的竞争力；（3）国家电网在两笔并购案中的议价能力都处于较低水平。如果细致对比，应当说国家电网在并购德国 50Herz 公司时，得益于国际化经验的累积，其议价能力还要略高一些。

两笔跨国并购案的差异则集中体现为葡萄牙和德国对中国和国家电网的贸易预期取向上，这一差异直接导致两笔收购案产生了不同的交易结果。这表明，理性国家应对外来投资的政策态度根本上取决于它们对于项目成本和收益的计算结果，无论是贸易预期还是议价能力都是通过影响这一计算结果而发挥作用的。其中，贸易预期主要影响国家对于接受跨国投资所需承担的风险成本计算，议价能力则代表了企业为东道国提供经济收益以及协商沟通的能力。虽然国家对外经济决策需要兼顾经济收益和安全利益，但大多数时候安全利益仍是其优先考虑的因素，对于欧美发达国家来说尤其如此。国家在考察安全风险和经济收益并存的外来投资项目时，一旦发现项目与整体国家利益发生冲突，将更倾向于舍弃单个项目的局部经济利益来保证安全利益。因此，国家应对外国投资的决策范围是由与双边经贸关系和安全因素紧密相关的贸易预期限定的。

具体来说，贸易预期影响准入壁垒的作用机制体现为：在贸易预期较为正面的情况下，国家更乐于接受经济收益，即使是议价能力较低的企业也可能通过花费一定事前交易成本来达成理想目标；在贸易预期较为负面的情况下，国家则更倾向于追求绝对安全，此时只有拥有高水平议价能力的企业才有可能通过调节贸易预期取向来部分改变交易结果，而议价能力低的企业即使报价可观也会遭遇难以逾越的准入壁垒。

贸易预期对国家行为的约束性作用在国家电网并购德国50Herz公司案中得到了很好体现。仅从经济收益来看，国家电网针对IFM所出售20%股权的报价是极具竞争力的，其报价比IFM和埃利亚2010年收购50Herz公司100%股权的总金额还要高。同时，在2017年和2018年IFM的两次股权出售计划中，国家电网都是唯一的竞购者。然而，对于经济实力强大、国际地位较高、技术水平一流的德国而言，外来投资所附带经济收益的诱惑力是相对有限的。① 在负面贸易预期的束缚下，德国更倾向于规避风险而非追求经济利益。再加上国家电网本身缺乏高水平的议价能力，进而使得贸易预期成为影响德国成本—收益计算结果的决定性因素。最终，德国选择将安全考量置于经济收益之前，完全拒绝国家电网的投资。以至于在国家电网第二次尝试收购50Herz公司时，德国政府宁愿"自掏腰包"间接购买IFM出售的20%股权，也不愿承担任何可能因接受外资而导致的风险，或是以50Herz公司在可再生能源方面的技术优势换取经济收益。

---

① 江帆."前景理论"框架下的国家行为选择 [J]. 人民论坛，2010（26）：48 – 49.

第五章

万向集团投资美国汽车市场的准入壁垒分析

贸易预期受体系因素影响较大，它的变化及其对国家对外经济政策的影响需要经过一段较长历史时期才能够反映出来。与贸易预期不同，议价能力则主要由微观层面的跨国公司与东道国互动关系决定。因此，在不同国家以及同一国家的不同时期，企业议价能力都可能表现出不同状态，进而对投资交易结果产生不同的影响。万向集团曾于 2013 年和 2014 年收购美国企业 A123 系统公司和菲斯科公司，其交易结果均为成功收购，但前者曾遭遇明显政治阻力。这两次跨国投资的时间间隔较短，期间无论是体系结构还是美国对中方的贸易预期都相对稳定。因此，通过对比分析上述两次交易的过程及结果，可以明晰议价能力对于准入壁垒的调节性作用。

第一节　万向集团的国际化历程

近年来，中国与欧美国家之间的经济和技术竞争加剧，各国不约而同地将制造业领域视为"必争之地"。随着中国制造业的国际竞争力快速提升，美国在对华遏制和竞争焦虑情绪的驱动下不惜以"脱钩"的方式打压中国制造企业，欧盟也在出台政策防范中国取代自身在中高端制造业的优势地位。[①] 作为中国最大的汽车零部件制造企业，万向集团创立至今已发展成为涵盖汽车零部件、清洁能源、现代农业等多领域的跨国集团。在国际市场，万向"走出去"的主要目的地是美国，先后投资 A123 系统公司、菲斯科公司等企业。此外，万向集团还联合国际顶尖科研机构开展清洁能源前沿技术研究，致力于抢占世界清洁能源的制高点。

一、万向集团的企业情况与特征

万向集团创建于 1969 年，从创始人鲁冠球以 4000 元资金在钱塘江畔创办农机修配厂开始，至今发展成为涵盖汽车零部件、清洁能源、现代农业等多领域全球制造、全球运营的跨国集团。同时，万向集团也是国务院 120 家试点企业集团和国务院 120 个双创示范基地唯一的汽车行业企业。作为一家民营企业，目前万向集团约有两万名雇员，以制造和销售汽车零部件为主业，主导产品市场占有率超过 56%。在国际市场，万向集团是中国向世界名牌进军极具国际竞争力的企业之一，是目前世界上万向节专利最多、规模最大的专业制造企业。在美国、德国、英国等 10 个国家，万向集团已设立近 30 家公司和 40 余家工厂，雇佣海外员工近两万人，是大众、通用、福特、克莱斯勒等国际一流汽车厂的配套合作伙伴。[②]

从企业发展历程来看，万向集团在发展过程中始终坚持"走出去"和"引进来"相结合，将整合全球资源、发展新能源作为主线。在创立之初的 10 余年间，万向集团主要开展多角化经营和"工场"式生产，生产轴承、万向节等汽车零件。20 世纪 80 年代，万向集团开始主攻万向节生产制造业务，并建立"总厂式"直线职能管理制度，以提高生产效率。这一时期，万向集团成为全国仅有的三家定点生产万向节的企业之一，并于 1984 年首次进入国际市场。1990 年前后，万向集团

---

① 丁纯，陈腾瀚. 中美欧制造业竞争：现状、政策应对与前景 [J]. 欧洲研究，2021（5）：6 - 35.

② 万向集团官方网站. http：//www. wanxiang. com. cn/index. php/about.

的管理模式逐渐从总厂式向集团化转变，企业营收实现爆发式增长。随后，万向集团的产品线更加丰富，实现从零件到部件再到系统的专业化生产、系列化产品和模块化供货。在此基础上，万向集团提出"大集团战略、小核算体系、资本式运作、国际化市场"的战略方针，加快开发国际市场、谋求跨行业、跨国界发展。进入 21 世纪后，除了继续深耕传统制造业，成为中国汽车零部件行业的领军企业外，万向集团还在金融、服务、现代农业等领域实现突破性增长，向清洁能源、电动汽车、风力发电等产业进军。[①]

二、万向集团"走出去"的成就与挑战

万向集团是中国企业"走出去"最早的践行者之一，其国际化历程大体经历了从产品出口到绿地投资再到跨国并购三个阶段。1978 年党的十一届三中全会召开后，在改革开放的浪潮下，万向集团决定树立"拳头产品"，集中力量生产汽车万向节。1984 年，万向集团将一批 3 万套万向节产品首次出口至美国舍勒公司，由此开启国际拓展之路。此后，随着劳动生产率提高、产品出口量增多、国际声誉提升，万向集团经中国对外经济贸易部批准，于 1994 年以绿地投资的方式在美国成立全资子公司，该年即在美国市场收获 350 万美元的销售额。1997 年 8 月万向集团与美国通用汽车公司签订供货合同，成为第一家进入美国整车配套市场的中国汽车零件企业。1998 年万向集团在美国市场的销售收入与上年相比增加 1500 万美元，总资产达 1503 万美元，迅速成长为美国中西部规模最大的中资企业。随后，万向集团陆续在美国 26 个州开设数 10 家分公司，又相继直接或间接进入福特、克莱斯勒等美国汽车制造商的零件配套体系，并在英国、德国、加拿大等国布局多家独资或控股公司，进一步扩大海外市场占有率。[②]

---

① 万向集团官方网站．http：//www. wanxiang. com. cn/index. php/about.
② 章念生．中国民企在美国走出共赢路［N］．人民日报，2017 - 3 - 20（21）.

在通过产品出口和绿地投资积攒国际化经验并扎根海外市场后，万向集团开启以跨国并购为主的国际拓展阶段。万向集团的跨国并购活动主要针对美国企业展开，其收购对象大多具有历史悠久、品牌知名、以制造和销售汽车零部件为主要业务、行业地位较高、与万向集团存在合作经历或业务往来等共同特征。[①] 然而，与前两种国际拓展方式相比，新兴经济体企业并购发达国家企业的主要目的是依靠资本力量获取先进企业的技术、专利、品牌和市场等资源，因不可避免地存在转移战略性资源行为而面临着更高的非市场性风险。[②] 因此，尽管主攻美国市场的万向集团曾多次成功收购当地企业（见表5–1），但随着近年来美国对中国对外经济行为的疑虑增多，万向集团对美投资交易也遭遇了一定政治阻力。

表5–1　万向集团对美国并购的代表性交易及其意义（截至2022年5月）

时间	投资交易内容及其意义
2000年	收购美国舍勒公司的设备、品牌、技术专利及市场网络等无形资产，以投资方式进入美国市场，进一步拓展万向节销售业务
2000年	收购美国LT公司的35%股份，获得控股权，在美国建立起加工装配工厂，大幅提升汽车轮毂制造与营销单元业绩
2001年	收购美国UAI公司200万可立即转换的优先股，获得21%股份与控股权，拓展汽车制动器制造与营销业务，打开刹车器产品进入海外市场的通道
2003年	收购美国洛克福德（Rockford）公司的33.5%股份，控股全球最大的汽车零部件一级供应商
2005年	收购美国PS公司的60%股份，拓展汽车连接零部件制造与营销业务，进一步深化与美国汽车公司的合作

① 潘秋玥，杨洋，魏江，李卅立. 中国企业创新国际化的三种模式 [J]. 清华管理评论，2017（7–8）：63.

② 陈小梅，吴小节，汪秀琼，蓝海林. 中国企业逆向跨国并购整合过程的质性元分析研究 [J]. 管理世界，2021（11）：159–183.

时间	投资交易内容及其意义
2007 年	收购美国 AL 公司的 30% 股份，获得控股权，拓展模块装配与物流管理业务，完善海外经营体系
2013 年	收购美国 A123 系统公司的 80% 股份，获得新能源电池尖端技术与知识产权，布局电动汽车业务，成为全球核心汽车电池供应商
2014 年	收购美国菲斯科汽车公司的 100% 股份，增强新能源汽车生产研发能力，全面进入新能源汽车产业，形成完整产业链

资料来源：根据公开资料整理得出。

第二节　万向集团两次投资美国新能源汽车市场的对比分析

跨国并购是万向集团"走出去"的第三阶段，其决策基础是此前产品出口和绿地投资的经验，以及对投资美国市场流程的深刻了解。21世纪以来，万向集团已先后收购多家美国企业，并于 2002 年成立万向电动汽车公司，将新能源汽车作为未来发展的主攻方向。为实现"造车"目标，在自主研发清洁能源技术的同时，万向集团为弥补技术缺陷，尝试通过对外投资来促成技术"引进来"。在此背景下，万向集团于 2013 年和 2014 年先后收购 A123 系统公司和菲斯科两家新能源汽车相关企业，其议价能力发生了由低到高的变化，并对准入壁垒产生了重要影响。

一、万向集团收购美国 A123 系统公司的过程及结果[①]

在万向集团投资海外新能源汽车市场之前，主要致力于强化在汽车

---

① 万向集团官网. A123 系统公司宣布与万向集团达成非约束性的战略投资意向. 2021 - 8 - 10, http：//www. wanxiang. com. cn/en/index. php/news/info/1681.

零部件制造领域的优势地位，并取得了卓越成绩。在制造新能源汽车方面，尽管万向集团已投入大量资金研发大功率、高能量聚合物锂离子动力电池，但依然难以冲破在锂电池和储能核心技术方面与国际先进技术之间存在的壁垒。在此背景下，为突破技术瓶颈，万向集团便将 A123 系统公司这家全球领先新能源企业定位为收购目标。A123 系统公司能够生产寿命长、高功率、高能量密度、安全性卓越的锂离子电池，具备制造动力电池的核心技术和研发系统，但自 2009 年上市以来持续出现亏损，并于 2012 年 3 月发生电池召回事故后濒临破产。2012 年 5 月，A123 系统公司开始聘请财务顾问寻找潜在投资者，万向集团随之展开收购行动。

万向集团收购 A123 系统公司的整个过程经历了双方签订初步协议、A123 系统公司申请破产、万向集团竞拍资产和 CFIUS 安全审查四个阶段。在 A123 系统公司释放出售资产的信号后，万向集团于短短四个月后即同 A123 系统公司签订初步协议，协议拟分三个阶段实施，约定每个阶段的投资费用支付均需满足一定条件。[①]　如果能够如约完成三个阶段的协议，万向集团将会以 4.65 亿美元收购 A123 系统公司包括直接债务、可换股、认股权证以及 7500 万美元贷款在内的 80% 股份。然而，遗憾的是，万向集团将第一笔投资 2500 万美元支付给 A123 系统公司后不久，这份原始收购方案就随着 A123 系统公司申请破产而宣告流产。

2012 年 10 月，A123 系统公司发布公告称由于预计到期债务和利息无法偿还，公司向特拉华州破产法院申请破产保护，这一行动意味着收购协议因违反"没有重大负面情形发生"的支付前提条件而基本失效。随着破产法庭的介入，美国江森自控集团（Johnson Controls）、日本电

---

①　协议内容大致包括：第一阶段是过桥贷款，总额度是 7500 万美元，分两笔支付，第一笔 2500 万美元，第二笔 5000 万美元，其中第二笔须满足前提条件方可支付。第二阶段，万向购买 2 亿美元的 A123 系统公司可转债，前提依然是要满足一定的既定条款。第三阶段，万向有权购买 1.9 亿份公司权证，而最后剩余的 5000 万美元贷款是在所有审批和前提条件都基本上满足时才会支付，这些条件包括交易最终获得 CFIUS 的审批和中国政府的审批、A123 系统公司股东大会通过、其余可转债的到期或执行或赎回等。

气公司（NEC Corporation）、德国西门子公司（SIEMENS）等企业都加入到竞购 A123 系统公司资产的队伍中来。期间，A123 系统公司称因与中国万向集团签订谅解备忘录遭遇诸多阻力，决定终止和万向的收购事宜，改与美国江森自控集团（Johnson Controls）达成一项 1.25 亿美元的资产收购协议。2012 年 12 月，万向集团正式同美国江森和日本电气组成的联合体展开竞拍，最终以 2.566 亿美元的价格获得 A123 系统公司除军工合同以外的所有资产。

由于 A123 系统公司与美国国防军工行业存在合同关系，并曾获得美国政府 2.5 亿美元的资助性贷款，因此万向集团在同 A123 系统公司达成收购协议后，还需应对来自 CFIUS 的安全审查。在了解 CFIUS 的安全疑虑后，万向一方面派遣企业高级管理人员积极走访游说对收购案持反对意见的国会议员，承诺不会将 A123 系统公司的先进技术与生产基金转移至中国。另一方面，万向集团则果断在收购计划中剔除所有与美国军方关联的技术、产品和合同，与 A123 系统公司商定将该部分资产以 225 万美元的价格出售给美国 Navitas 公司。[①] 经过一系列努力后，万向于 2013 年 1 月通过 CFIUS 的严格安全审查，成功将 A123 系统公司的 80% 股份收入囊中。

二、万向集团收购美国菲斯科公司的过程及结果[②]

万向集团在与 A123 系统公司洽谈收购事宜时，关注到使用 A123 动力电池系统推出电汽环保型豪华跑车卡玛（Karma）的菲斯科汽车公司同样有意出售部分股权。菲斯科公司成立于 2007 年，是美国专门生产增程式电动汽车的企业，也是全球领先的新能源汽车生产厂商。2012 年前后，菲斯科公司因遭遇一系列技术故障和成本超支难题而停产，又

---

① 葛顺奇，刘晨，蒲红霞. 中国对美直接投资与安全审查——万向集团并购 A123 系统公司的启示 [J]. 国际经济合作，2014（5）：63 – 64.

② 万向集团官网. 成功收购美国菲斯科 万向新能源汽车产业圈初成. 2014 – 4 – 8，http：//www. wanxiang. com. cn/index. php/news/info/1750.

逢美国新能源汽车市场低迷，从而陷入裁员风波和经营困境，面临破产危机。在此期间，万向集团在收购 A123 系统公司后进一步明确发展新能源汽车既符合自身自主创新和转型升级的要求，也符合世界发展潮流和产业发展方向。因此，万向集团希望通过收购菲斯科公司进一步加强研发制造新能源汽车的能力，全面进入新能源汽车行业并形成完整的产业圈。

继成功通过 CFIUS 对 A123 系统公司收购案的安全审查后不久，2013 年 5 月万向集团和美国 VL 汽车公司则开始计划联合通过打包破产方式控股菲斯科公司。与此同时，菲斯科公司股东之一太平洋世纪公司、中国整车制造企业东风和吉利也透漏参与竞标的意愿。同年 10 月，美国能源部拍卖菲斯科公司所拖欠的 1.68 亿美元债务时，该债券被混合动力技术控股公司（Hybrid Tech）以 2500 万美元的价格拍下，导致外界一度认为万向已无缘控股菲斯科。然而，一个月后当菲斯科公司向美国特拉华州威明顿破产法院申请破产保护时，混合动力公司提出直接以"债券竞购"[①] 的方式收购菲斯科公司。该方案遭到菲斯科公司无担保债权人的强烈反对，无担保债权人向破产法院提出申请，要求取消此前达成的出售协议并举行公开拍卖。此时，万向集团向破产法院递交收购申请，计划以 2472.5 万美元的价格、"以债换股"的方式参与竞购菲斯科公司，并提交了破产重组方案。

2014 年 1 月，破产法院同意公开竞拍菲斯科公司资产，并将混合动力公司所持有的菲斯科公司债权出价限定在 2500 万美元。在交易进入公开竞标的阶段后，混合动力公司方面曾试图通过法庭阻止公开拍卖，但遭到法庭拒绝。之后，在经历持续 3 天、共计 19 轮投标的菲斯科资产竞拍活动后，万向集团于 2 月 14 日以含现金及其他综合条件作价成 1.492 亿美元赢得竞拍，该报价包括 1.262 亿美元现金、800 万美元的代偿债务以及部分有价证券。美国破产法官随后正式批准万向集团

---

① 简单来说，"债券竞购"就是以免除菲斯科这笔巨额债务的方式充当出价而不支付现金。

收购菲斯科公司，根据收购交易内容，万向集团将全资拥有菲斯科公司，包括菲斯科的商标、专利及其待售汽车、库存和位于特拉华州的工厂厂房等。经过此次收购，万向在新能源汽车领域的战略布局进一步完善，并成为中国国内唯一同时具备电池、控制系统等电动汽车关键技术产业能力的企业。

三、万向集团两次投资美国的准入壁垒、贸易预期与议价能力

万向集团面向美国新能源汽车市场的两次投资分别发起于 2012 年和 2013 年，第二次计划发起投资的时间距离第一次投资完成仅有 4 个月左右。这一时期，美国对中国投资总体持欢迎态度，但对中国企业进入新能源汽车市场仍保有一定疑虑。回顾万向集团投资 A123 系统公司和菲斯科公司的经历，可以发现两次投资的相似之处：（1）均发生于美国政府推动新能源战略、扶持电动汽车行业的背景下；（2）两家美国企业均因经营不善或技术故障而主动申请破产；（3）投资方式均为控股型跨国并购。万向集团两次对美跨国投资的结果分别表现为部分完成预期交易和全部完成预期交易，为了解释这两笔相似度较高的投资案在短时间内出现不同结果的原因，应分别对交易中的准入壁垒、美国对中方的贸易预期以及万向集团的议价能力三个要素进行测量和分析。

首先，对于准入壁垒程度的评估，仍然需要在考察交易结果和事前交易成本两方面因素的基础上进行。在收购 A123 系统公司的交易中，万向凭借深耕美国市场多年的本土化经验，仅用时 4 个月便同 A123 系统公司完成尽职调查与收购谈判，并基本确定了各阶段的收购计划。然而，由于 A123 系统公司是当时美国最大的新能源锂电池制造企业，受惠于政府贷款支持，并曾与美国国家航空航天局（NASA）开展实验室合作，导致 CFIUS 认为这笔交易存在风险。因此，万向集团与 A123 系统公司达成的初步收购计划难以推进，不得不接受美国外资安全审查。为了平息美国国会的安全顾虑和反对声音，万向集团利用近 1 年的时间

多次开展游说活动，并同 CFIUS 达成剥离 A123 系统公司与政府部门和
国防工业相关资产、不转移技术成果的风险缓解协议，最终得以有条件
地完成对 A123 系统公司 80% 股权的并购交易。考虑到万向集团为该笔
投资付出的事前交易成本较高且交易结果为部分准入，应将此次准入壁
垒的程度判定为较高（对应表 3 - 2 中的"3"）。

与收购 A123 系统公司时遭遇美国国会的大力阻挠不同，万向集团
对菲斯科公司的投资得到了美国政府的大力支持。美国特拉华州州长和
参议员都曾发表公开信表示希望万向集团成功完成此次收购，CFIUS 也
未对该笔交易发起外资安全审查。在交易期间，尽管混合动力公司曾拍
下菲斯科公司的部分债权，但其以债权竞购的方案因遭到债权人反对而
搁浅，后续又未能在法院公开拍卖阶段赢得竞拍。因此，这一"插曲"
对万向集团所付出的事前交易成本整体影响不大。此外，从交易结果来
看，此次交易万向集团得以全资拥有菲斯科公司的有形和无形资产，无
需像收购 A123 系统公司时一样剥离敏感技术和产品，由此可认为此次
投资获得了"完全准入"。由于万向集团为该笔投资付出的事前交易成
本基本属于对美投资的一般性成本，收购报价仅比竞争对手混合动力公
司的出价高出 10 万美元，且交易结果为完全准入，故应将此次准入壁
垒的程度判定为最低（对应表 3 - 2 中的"1"）。

其次，在贸易预期方面，万向两次投资美国新能源汽车市场的间隔
时间较短，国际体系结构并未出现明显波动，中美两国关系在 2012 ~
2014 年初呈现普通而稳定的发展态势①。这一时期美国政府对待中美经
济关系的态度相对务实，一方面强调塑造对华良性、非零和经济竞争，
积极开启中美"战略与经济对话"，建立"实际、正面的合作机制"，②
另一方面则极力推动中美经贸关系"再平衡"，致力于通过扩大对华出

---

① 根据清华大学国际关系研究院发布的《中国与大国关系数据库》，2012 ~ 2014 年初的
"中美关系分值"均在 2 分左右徘徊，这意味着两国关系处于普通偏中高水平且较为稳定。详
见 http://www.tuiir.tsinghua.edu.cn/info/1145/2617.htm.

② 杨文静. 寻求应对中国崛起的非零和关系模式：奥巴马政府对华政策探析 [J]. 太平
洋学报，2013（8）：37 - 46.

口和投资减少美国对华贸易逆差，并多次以保护主义姿态限制中国对美出口和投资。具体到万向集团对美投资活动来看，万向集团在投资新能源汽车市场之前已多次收购美国企业，尽管 CFIUS 需要遵照外资安全审查制度启动对敏感交易的审查，但在安全风险可控的前提下并不排斥中国资本帮助本国企业度过破产危机。

从该阶段的中美经贸关系来看，中国在金融危机后一直表现出经济实力不断发展和累积的势头。自 2000 年中国取代日本成为美国最大的对外贸易逆差来源地之后，直到 2012~2014 年中国仍长期保持对美顺差，且顺差的绝对规模和相对比例均呈增加态势。可见，此时中美在经贸领域的相互依赖关系存在一定的不对称性。为了改善这种不对称性，美国在 2008 年金融危机后多次对华开展反补贴、反倾销调查，并一再向中国施压要求刺激人民币升值、加快人民币汇率改革进程。[①] 在对待中国对美投资交易时，美国政府期待借助中国资本缓解美国经济低迷。[②] 在万向集团投资的新能源汽车领域，美国政府的新能源战略认为，新能源汽车相关技术不仅不会直接促进中国军力提升或损害美国国家利益，还有助于改善能源与环境问题，将成为中美经贸合作的新增长点。

从美国对万向集团投资风险的识别和判断来看，影响其判断结果的因素主要是万向集团的企业所有制性质、治理透明度和本土运营经历。作为一家民营企业，万向集团的政府背景相对淡薄。同时，万向集团在 1994 年便通过在美国设立子公司的方式开启本土化经营和制度学习历程，并在向美国大型企业供应汽车零部件和投资的过程中，摸索出与当地政府和企业沟通的畅通渠道，其企业治理透明度也不断接近"内群体"水平。此外，结合表 5-1 可以发现，万向集团对美投资的布局和结构清晰，所收购对象均集中在汽车行业，表现出明确的商业导向和极少的政治色彩。

---

① 潘亚玲. 冷战后美国对华战略转变的根本逻辑与手段——兼论奥巴马政府的对华政策 [J]. 当代亚太, 2010 (3): 6-21.

② 阮建平. 经济与安全"再平衡"下的美国对华政策调整 [J]. 东北亚论坛, 2011 (1): 60-67.

综合美国对中美经贸关系与万向投资交易的认知可以发现，虽然该时期美国政府致力于扭转中美经贸合作中的对美不利因素，但并未将中国视为经济竞争对手，对涉及新能源汽车市场的中资交易也以合作而非竞争和压制的政策取向为主。特别是在万向对美历次投资充分遵循商业逻辑的前提下，美国对万向集团收购 A123 系统公司和菲斯科公司的贸易预期处于正面状态。

最后，虽然万向集团收购 A123 系统公司和菲斯科公司的时间间隔较短，但其议价能力发生了由低到高的变化，这种转变与万向集团在两度投资美国新能源汽车市场过程中的技术水平、企业表现等因素密切相关。通过对比分析万向集团在两次投资中的议价能力及其对应的准入壁垒，可以发现在贸易预期约束国家决策行为的力量较弱的情况下，高水平议价能力可以明显起到缓和负面贸易预期、调节准入壁垒和变更交易结果的作用。

第三节　议价能力影响下的美国新能源汽车市场准入壁垒

2008 年金融危机爆发后，美国国内经济持续低迷、内生动力不足。美国政府遂将经济复苏乏力、财政不断恶化视为美国国家利益的首要威胁，将保持经济活力定位为中心工作。因此，美国政府对中美经贸合作抱有高度期待，其对华经济政策更倾向于稳定双边关系、借助中国繁荣的经济态势重振本国经济。正如时任美国国务卿的希拉里·克林顿（Hillary Clinton）所言，"没有中美合作，世界上的任何问题都无法得到解决"。① 正是在此背景下，万向集团开始尝试投资美国新能源汽车市场，其议价能力由技术水平、投资策略、国际化经验、本土化经历等多方面因素共同塑造，展现了跨国公司在较短时间内提升议价能力并降

---

① 王伟男，周建明. "超越接触"：美国战略调整背景下的对华政策辨析 [J]. 世界经济与政治，2013（3）：63 – 75.

低准入壁垒的能动性。

一、万向集团收购美国 A123 系统公司的议价能力

作为全球领先的新能源锂电池制造商，A123 系统公司于 2012 年因陷入财务困境而释放寻找收购方的信号后，很快便受到多家汽车制造商的青睐。尽管万向集团在收购 A123 系统公司之前，曾成功收购多家美国汽车零部件生产企业的部分股权，但尚未涉足海外新能源汽车市场。与传统汽车制造商相比，A123 系统公司研发的锂电池不仅是生产制造新能源汽车的必要技术产品，还可应用于电网、交通运输和军事工业，在一定程度上具备军民两用技术的属性。A123 系统公司凭借生产锂电池的核心技术优势，还曾为美国军事工业和政府项目提供电力解决方案，并在 2009 年成功申请美国能源部的先进技术汽车制造业激励贷款。可以说，A123 系统公司比之前万向集团收购的美国企业更接近政府和国会的敏感神经，特别是根据当时美国外资安全审查法规，涉及国防、军事技术等关键技术的控制性并购交易还需接受 CFIUS 的安全审查。[①]在此情况下，虽然万向集团对美投资经验丰富，但它收购 A123 系统公司的过程并不顺利，其议价能力处于较低水平。这主要体现在以下三方面：

第一，在技术方面，万向集团之所以能够在 A123 系统公司发生财务危机后迅速做出收购决策，很大程度上是看中 A123 系统公司的锂电池研发技术和产业化经验。无论是相对于万向集团自身，还是中国国内电池整体技术水平而言，A123 系统公司都具有显著的技术优势和领先的生产能力。因此，对万向集团而言，如能完成此次投资将有助于打破其发展新能源汽车的电池技术壁垒，确立自身在中国新能源汽车市场和产业链中的领军地位，同时还能借助 A123 系统公司在美国的品牌优势

---

① 潘圆圆，张明. 中国对美投资快速增长背景下的美国外国投资委员会改革［J］. 国际经济评论，2018（5）：32 - 48.

和市场渠道进一步扩大企业在美影响力和市场销售份额。然而，对于A123 系统公司和美国而言，万向集团除了能够为即将破产的企业注入资金外，不仅难以对 A123 系统公司和当地新能源汽车行业起到技术补充或发展引领作用，还存在一定技术转移风险。

第二，在竞争对手方面，A123 系统公司进入破产程序后，美国江森、日本电气和德国西门子曾参与到竞购程序中来。上述三家企业均为多次进入世界 500 强榜单的一流跨国公司，三者相对于万向集团的优势主要体现在居于行业国际领先地位、拥有成熟丰富的跨国投资运营经验、来自美国本土或联盟国家三方面。在竞购环节，这些因素一方面会弱化万向集团在多年对美投资经营过程中形成的 "内群体" 优势，另一方面则会凸显万向集团将先进技术转移至中国可能对美国造成的安全隐患。为了摆脱以上两重困境，万向集团不得不依托在美国设立的全资子公司完成对 A123 系统公司的股权投资，并承诺整体收购 A123 系统公司业务、保留现有两千多名员工的岗位安排、不转移工厂设备和技术成果等。以上收购约定虽有助于提升万向集团竞购 A123 系统公司时的议价能力，但无疑会大幅增加交易成本和投资整合难度。

第三，在应对美国外资安全审查方面，2007 年美国出台《外国投资与国家安全法》再次收紧外资安全审查政策，其中特别增加对控制性并购交易和涉及关键技术交易的关注和审查力度。[①] 万向集团收购 A123系统公司的交易已然触及安全审查红线，但万向此前并没有应对 CFIUS审查的经验，需要聘请专业团队完成大量前期准备工作，如了解审查程序、制备审查文件、制定应急预案等。此外，CFIUS 在安全审查实践中具有相当大的自由裁量权，对来自美国盟友的投资审查相对宽松，对中资交易政府背景和投资意图的评判却往往更为苛刻。[②] 可以看出，万向集团收购 A123 系统公司时在技术水平和应对外资安全审查等方面的优势

---

① 邢悦，苏勃瑞．美国外资投资并购审查制度的演变及背后的逻辑 [J]．世界政治研究，2022（1）：43 – 73．

② 赵家章，丁国宁．美国对华高技术企业投资并购的安全审查与中国策略选择 [J]．亚太经济，2020（1）：74 – 76．

有限，特别是与参与竞购的其他企业相比难以形成有竞争力的议价能力。

二、万向集团收购美国菲斯科公司的议价能力

尽管万向集团首次投资美国新能源市场经历了些许波折，但在付出较多事前交易成本后仍通过美国外资安全审查并成功收购 A123 系统公司 80% 股份。在此过程中，万向集团向美国政府展示了积极的投资合作意愿，又在应对安全审查时竭力缓解了国会和 CFIUS 对于中资交易转移敏感信息和先进技术的疑虑，从而为后续在美投资经营打下了良好基础。与 A123 类似，菲斯科公司同样是因缺乏资金而逐渐停产，并在计划进入破产保护程序时便曾与万向就合作事宜展开沟通，万向集团表示愿意为菲斯科公司提供任何形式的帮助。与此前不同的是，该笔交易获得了美国政府和国会的支持。在破产法庭拍卖菲斯科公司资产期间，特拉华州州长杰克·马克尔（Jack Markell）和联邦参议员汤姆·卡帕（Tom Carper）均曾向法庭递交支持万向的声明或提案，万向集团的议价能力与收购 A123 系统公司时相比也有了显著提升。

首先，议价能力归根结底是由企业控制投资对象所需资源的能力决定的。① 具体到菲斯科公司收购案来看，菲斯科公司急需的两项资源是技术和资金，即在度过当前财务危机后尽快恢复生产新能源汽车。在收购 A123 系统公司后，万向集团逐渐掌握制造锂电池的核心技术，而 A123 系统公司又恰好是菲斯科公司的核心供货商。这一情境不仅关键性地将 A123 系统公司收购案中出现的技术转移风险扭转为当下的技术补充关系，还为万向集团恢复菲斯科公司在芬兰代工厂的生产计划、重建卡玛汽车全球销售网络的计划提供了实力依托。除了技术实力之外，万向集团还提出用假马竞标的方式替代竞争对手的债权竞标方案，其报价方案包括现金、代偿债务和承诺给予债权人的股份。这一提议能够极

① Stephen J. Kobrin. Testing the Bargaining Hypothesis in the Manufacturing Sector in Developing Countries [J]. International Organization，1987，41（4）：617.

大保障菲斯科公司非担保债权人的权益，至少能够使其持有的 2.5 亿美元债务获得 50% 的赔偿。此外，考虑到万向集团面临的主要竞争对手是李泽楷旗下的混合动力公司，未出现美国本土或盟友企业参与竞拍，万向集团的议价能力还可最大限度地免于美方主观因素的干扰。

其次，由于股权收购交易涉及人员安置、债务清算等复杂问题，因此交易利益相关者的态度也会影响企业议价能力，甚至直接干预交易结果。[①] 特别是当竞购者资质和出价差距不明显时，这种影响将更为明显。在收购菲斯科公司的交易中，利益相关者主要是企业管理者、当地政府、债权人和社区民众，四者对投资方的核心利益诉求分别体现为恢复生产与品牌信心、创造税收和稳定就业、偿还债务以及提供就业岗位。为了争取利益相关者的战略配合，万向集团相应地表示已制定重振菲斯科公司的"复兴方案"、拟逐步将芬兰工厂迁至美国、在保障非担保债权人权益的同时给予其一定股权以及挽救和创造更多就业机会回报社区等。与竞争对手因忽视非担保债权人权益而遭到强烈反对的局面相比，万向集团的投资计划通过统筹兼顾各方利益关切，促使主要利益相关者从混合型、无足轻重型转变为支持型，[②] 从而为最终竞拍扫清了障碍。

最后，万向集团在掌握技术和资金两大资源，又承诺妥善安置利益相关者的情况下，另一个提升企业议价能力的关键环节便是增强投资方案的可操作性和可信性。在此阶段，万向集团在美国本土近 20 年的投资经营经历，以及在收购 A123 系统公司进入美国新能源汽车市场过程中的企业表现，极大拉近了中美之间的制度距离、淡化了万向集团作为外国企业的外来者劣势。一方面，万向集团自 1994 年开设美国分公司以来，已将所有相关盈利用于对美国市场的再投资和扩大经营，并在 2008 年金融危机中帮助多家濒临破产的美国企业恢复生产。从以往的

---

① 赵德森. 中国对东盟投资项目风险生成及防控机制——基于东道国利益相关者的分析 [J]. 经济问题探索，2016（7）：159 – 164.

② 高尚涛. 外交决策分析的利益相关者理论 [J]. 社会科学，2016（1）：23 – 33.

投资活动来看，万向集团始终致力于保留企业原有品牌、尽量留任管理团队、尽可能雇佣本土员工，并积极参与社区文化事业、捐赠公共设施。① 另一方面，在 A123 系统公司收购案中，万向集团对美国对华经济政策、新能源发展战略、外资安全审查机制以及新能源市场公共关系等领域进行了一次全面摸底。在诸多经验的帮助下，万向集团再一次收购新能源汽车企业时得以更加准确地判断交易是否触及安全审查红线，并敏锐地识别利益相关者及其利益诉求。此外，在多年对美制度学习效应的作用下，万向集团能够与当地政府和交易对象顺畅沟通、及时解决分歧，尽可能避免制度距离所导致的摩擦和误解。可见，万向集团除掌握资金、技术、就业岗位等关键资源之外，其以往正面的企业表现和形象进一步强化了利益相关者的信任与支持。与收购 A123 系统公司时相比，万向集团收购菲斯科公司的议价能力在"硬实力"和"软实力"两方面均有提升。

三、议价能力影响美国新能源汽车市场准入壁垒的作用机制

如果说在东道国评估跨国投资成本和收益的过程中，贸易预期反映的是国家对安全风险的计算，那么企业议价能力则与投资所能产生的经济收益密切相关。对于欧美国家来说，安全利益往往在其对外经济决策中占有更大的权重，这直接体现为贸易预期对国家行为的约束性作用。因此，在负面贸易预期的束缚下，即使跨国投资能够显著增加东道国的经济收益，也难以使东道国忽视安全风险而完全接受投资。在贸易预期趋于正面时，安全方面的考量对国家对外经济决策的约束力下降，此时国家的核心诉求体现为在安全风险可控的前提下拓展经济利益。这种逻辑在美国应对万向集团投资新能源汽车市场的态度中得到了很好体现：一方面，美国欣赏万向集团多年来在当地的企业表现和声誉，对其行为具有信任感和稳定预期，欢迎万向通过投资的方式帮助濒临破产的本土

---

① 章念生. 中国民企在美国走出共赢路［N］. 人民日报, 2017 - 3 - 20 (21).

企业度过危机、稳定就业；另一方面，又因担忧万向集团获取敏感信息或转移先进技术而启动了外资安全审查，但也会保留以缓解协议形式消解安全风险的余地。因此，跨国公司议价能力对准入壁垒的调节作用需要在贸易预期划定的国家行为决策框架内进行，贸易预期越正面，议价能力的调节作用则越明显。同时，在国家决策框架内，企业议价能力越高，越可能降低准入壁垒，进而推动交易结果更接近预期投资目标。

对比万向集团收购美国新能源汽车企业 A123 系统公司和菲斯科公司的两次经历，可以发现美国对投资交易的贸易预期基本稳定且处于正面状态，而万向集团的议价能力水平却发生了由低到高的明显变化。具体来说，万向集团的议价能力影响美国新能源汽车市场准入壁垒的作用机制体现为以下两方面：一方面，随着议价能力的提升，准入壁垒逐渐降低。在万向集团第二次投资美国新能源汽车市场的过程中，既能利用 A123 系统公司制造锂电池的技术补充菲斯科的产品供应链，又注意关切和安抚利益相关者的核心诉求。同时，万向集团在美国的丰富本土化经历以及强大竞争对手的缺位，进一步对冲了交易可能存在的安全风险，突出了万向集团在资金、技术和管理方面的优势。另一方面，在贸易预期偏向正面、约束力相对较低的情况下，跨国公司议价能力对准入壁垒的调节作用更加突出，甚至可以直接决定交易结果的走向。即使是在新能源汽车这样带有一定敏感性和技术转移风险的投资领域中，高水平议价能力也可以促使交易结果从部分准入转变为完全准入。具体而言，随着议价能力提升至较高水平，美国政府和国会对万向集团收购新能源汽车企业的态度出现了两点转变，反映出准入壁垒已降低至最低水平：一是从认为 A123 系统公司收购案需要接受严格的外资安全审查，到向破产法庭递交提案表示支持万向集团收购菲斯科公司；二是从要求万向集团全面剥离 A123 系统公司涉及的政府和军工相关合同，仅可获取 80% 股份，到接受万向集团持有菲斯科公司的全部有形和无形资产。

值得关注的是，多年来凭借庞大的经济体量和相对宽松的外资政策，美国成为吸收外国直接投资最多的发达国家，也是中国企业"走出去"的重要目的地。① 然而，尽管中美之间存在着密切的经济联系，但随着中国经济和科技实力不断提升，美国又依托联盟体系在经济、科技和价值观等领域多方位对华施压，以往扮演中美关系"压舱石"角色的双边经贸合作已有"失重"之势。考虑到近期美国多次利用长臂管辖、出口管制、外资安全审查等行政手段干扰中国企业的跨国经济活动，中国企业未来对美投资极有可能面临更高的准入壁垒。同时，对于绝大部分不存在与中国进行战略竞争意图的欧美国家而言，其对华经济政策仍遵循平衡经济收益与安全风险的基本逻辑，政策基调是务实合作而非防范制衡。因此，面对拥有正面贸易预期的国家，企业可以通过提升议价能力的方法来增加投资交易预期经济效益，从而达到降低准入壁垒的效果。

---

① UNCTAD. World Investment Report 2021：Investing in Sustainable Recovery ［R］. 2021：4 - 5，https：//unctad. org/system/files/official - document/wir2021_en. pdf.

第六章

结　语

　　2008 年国际金融危机后，中国企业一度迎来"走出去"的黄金机遇期，其对外投资和海外市场规模逐年扩大，从而带动中国海外利益不断拓展和延伸。然而，近年来中国企业走向欧美国家正面临着越来越多的准入壁垒，这些国家多次改革和收紧外资安全审查政策，并更加频繁地以行政手段介入经贸活动、限制外资流入。与此同时，随着中国在全球价值链和国际生产分工体系中的地位开始实现跃迁，部分欧美国家因认知误判、固有偏见和心理失衡等原因利用政策工具干扰中国企业海外商业活动。在此情势下，中国企业应当把握中美、中欧政治经济关系的发展趋势、理解欧美国家对外经济政策的基本逻辑，并在此基础上发掘自身影响东道国政策的能动性，探索应对非市场性风险和降低政治壁垒的有效途径。

一、欧美国家应对中国企业国际拓展的考量因素

　　为了解释中国企业在拓展欧美市场过程中所遇准入壁垒不同的原因，本书立足理性选择理论，从国际政治经济学中国家对外经济政策的研究视角出发，经过从国际体系到国家单元再到跨国公司的逐层变量筛选与理论推演，发现贸易预期和议价能力是影响欧美国家对中国企业设置市场准入壁垒程度的关键因素。其中，贸易预期的约束作用与议价能

力的调节作用相比更加强烈。

理性国家在制定对外经济政策时，总是希望承担最小成本换取最大收益，即在安全风险和经济利益之间取得平衡。但当二者发生冲突时，绝大多数国家对安全利益的考量往往是优先于经济利益的，经济发展程度较高的欧美国家尤其如此。贸易预期和议价能力之所以能够作用于国家对外经济政策，正是因为它们能够影响国家对于外国企业经济行为安全风险和经济收益的计算结果。具体来说，二者的作用机制体现在以下两方面：一方面，贸易预期反映的是国家对跨国公司投资风险的评估，对国家政策行为的作用体现为塑造性和约束性。贸易预期中的负面因素越多，对国家决策的束缚力就越强，国家便倾向于对跨国公司设置更高的准入壁垒，其他因素变更政策结果的难度也就越大；另一方面，议价能力与跨国交易的经济收益直接关联，能够在贸易预期划定的国家决策范围内调节准入壁垒。议价能力水平越高，项目所能产生的经济效益就越高，越能降低准入壁垒的程度。在贸易预期十分积极，对国家决策约束力最低的情况下，议价能力水平甚至可以直接决定国家政策的走向。通过将贸易预期和议价能力的不同取值进行组合匹配，能够较好地为中国企业在欧美市场中的不同境遇提供解释，国家电网和万向集团的对外投资经历印证了以上理论假设。

国家电网和万向集团是中国跨国公司中的佼佼者，并在各自领域拥有处于世界领先水平的高端技术，是推动中国产业升级、技术革新的重要力量。二者分别是中国优秀的国有企业和民营企业代表，国际化经历丰富，对拓展中国海外利益和践行企业"走出去"战略有着非凡意义。

国家电网并购葡萄牙和德国电网企业的两次经历，展现了中国企业所面临的国际营商环境从"走出去"初期到近几年期间发生的巨大变化。在此期间，欧美国家对中国企业国际拓展的负面贸易预期总体增多，欧美国家担忧中国通过技术转移和模仿不断积累经济技术实力，并在经济、技术、规范和军事力量间实现相互转化，在多边贸易规则、市场经济发展模式等其他方面与中国存在分歧，致力于护持自身在国际产业分工体系中的技术优势和领先地位。在此背景下，由于国家电网并购德国企业时既缺乏本土经验又处于技术低位，无法展现出有竞争力的议价能力，导致德国政府在负面贸易预期的压力下选择搁置经济收益，两度对国家电网的跨国并购实施政治干预。

万向集团两次投资美国新能源汽车市场的时间间隔虽然较短，但取得锂电池制造的关键技术、接受并通过外资安全审查的经验以及以利益相关者为导向的投资方案等关键因素显著提升了万向集团收购菲斯科公司时的议价能力。在美国对中国民营企业投资保持正面贸易预期的情况下，万向集团凭借高水平议价能力得以充分降低准入壁垒、全资收购美国新能源汽车企业。然而，自中美贸易摩擦以来，中国企业赴美投资风险不断走高。特别是随着美国收紧外资安全审查制度，其他主要发达国家均已开始着手创建或改革外资监管政策，并普遍表现出对中国对外投资模式的指向性。这一政策变化趋势要求中国企业及时调整以往对于美欧市场营商环境的乐观认知，密切跟踪各国外资政策改革动态。一旦投资对象国不断对中资交易出现负面贸易预期，那么企业议价能力调节准入壁垒、变更国家政策的能力将被迫降低。

二、中国企业拓展欧美市场的挑战

在新一代信息技术革命的驱动下，科学技术正在成为国家经济实力增长的核心驱动力。为了走在科技进步的前沿并取得全球经济话语权，世界大国纷纷出台聚焦尖端技术和高端制造业的国家级战略文件。如美国"先进制造业伙伴计划"、日本《机器人新战略》、德国"工业4.0"和《国家工业战略2030》以及《中国制造2025》等。中国当前正处于由国际生产分工体系中低端向高端转型升级的关键时期，企业作为国家技术创新的核心主体和海外利益承载者，其国际拓展方式也在发生着变化。2017年以来，在中国政府的政策引导下，中国企业正在以更加理性和合规的方式"走出去"，越来越注重科学规划海外布局，欧美国家也因此获得了更多企业的青睐。同时，近年来中国企业国际化的主要目标表现为获取先进技术和扩大市场，并致力于以此带动自身向全球价值链的高端位置移动。在这一过程中，中国企业开始与西方一流企业展开越来越多的正面竞争，中国也不可避免地冲击着欧美国家的既有经济优势和技术领导地位。在此背景下，欧美国家纷纷收紧外资安全审查政策，重点关注国防军事、军民两用、关键基础设施以及其他尖端技术领域。

欧美国家在国际经济贸易规则和外资安全审查方面的政策持续收紧，将中国企业特别是高新技术和高端制造企业推向了异常艰难的境地。可以预计，随着中国经济技术发展和产业升级的步伐加快，未来将会与欧美国家在制度规则、市场模式和技术主导权等领域发生更多摩擦。以美国为首的西方阵营抑制中国企业海外发展的力度将会越来越大，手段也会更加隐蔽和复杂。例如，除了收紧本国外资政策之外，美国一方面要求盟友禁用华为5G，另一方面又通过将华为列入实体清单的方式试图人为切断其产品和技术供应链；德国为阻挠国家电网的跨国并购，也曾在国家法律法规之外寻求间接干预中国对德投资的途径。这些现实反映出改革外资安全审查制度仅仅是欧美国家对外国企业加强管控的方式之一。

除美国之外，向来崇尚贸易开放、连续10余年成为中国最大贸易伙伴的欧盟，也在2019年3月欧盟委员会发布的《欧中战略前景》中宣布重新评估中欧关系。这一文件指出，过去10年来中国的经济实力和政治影响力正在以空前的速度和规模增长，欧盟将以产业科技领域的"经济竞争者"重新界定中国的身份。[①] 虽然当前中欧关系走向全面对抗的可能性较小，欧盟也仍然重视双方在诸多领域的合作，但这一基调使欧洲国家更容易误判中国对外经济政策和行为并采取针对性措施，导致中国企业未来赴欧投资也难免会面临更多更高的准入壁垒。

从本书研究发现的欧美国家外资政策的两个考量因素来看，贸易预期与体系结构、国际政治经济关系的关联性较强，跨国公司直接变更这一因素的难度较高。因此，中国企业可以从提升议价能力入手，通过增

---

① 解楠楠，张晓通．"地缘政治欧洲"：欧洲力量的地缘政治转向？［J］．欧洲研究，2020（2）：29 - 30.

强跨国交易的确定性经济效益来改变欧美国家对于成本和收益的最终计算结果。

三、中国企业应对欧美市场投资准入壁垒的对策思考

中国企业大多"走出去"的时间较短、经验不足，许多企业至今仍倾向于将自己置于非市场性风险和准入壁垒被动承受者的位置，过分倚重国家的政策指导和外交保护。这样既不利于扭转欧美国家对中国"政企不分"的刻板印象，也不利于企业自身的独立成长与可持续发展。事实上，置身于海外市场中的跨国公司往往能够更直接地感知和预判东道国外资政策和政策风险，并可以据此通过提升议价能力来引导东道国政府决策朝着企业预期的方向发展。对于中国企业来说，应对欧美市场准入壁垒尤其需要注意以下三点：

一是科学选择对外投资的时机和方式。由于科学技术具有提升国家经济实力和巩固国家安全地位的双重作用，大国将经济政策与政治目标挂钩已成常态，这将导致跨国公司更容易进入大国竞争的旋涡之中。因此，企业需要在综合考察母国与东道国的双边关系、东道国国内政策导向和公众情绪的情况下，选择有利的时机开拓海外市场，尽量规避双边关系政治敏感期和经贸摩擦期。否则，企业不仅容易遭遇准入壁垒，还可能使东道国对中国的投资意图产生误解。另外，企业还应在追求经济利益的同时注重对外投资方式的选择。一般认为"绿地投资"比跨国并购更容易博得东道国政府的好感，这是因为"绿地投资"能够为东道国提供可持续的就业机会和财政税收，为其带来更多的经济和社会效益。相比之下，跨国并购则可能被认为意在转移东道国资源和技术，无法为当地增加社会福利。① 因此，未来中国企业即使需要对欧美企业实施跨国并购，也可以通过适当缩减单次并购规模、降低并购股权份额或

---

① 王碧珺. 被误读的官方数据——揭示真实的中国对外直接投资模式 [J]. 国际经济评论，2013 (1)：62.

吸收多方投资组建合资公司等方式合理优化交易方案，尽可能避免触发外资安全审查。

二是理智对待中西方之间天然存在的制度距离和经济发展模式差异，做到在东道国知法守法、合规经营。作为非物质性因素，制度距离和经济发展模式也是影响国家对外经济政策的重要力量。中国在金融危机后表现出的经济强劲复苏模式，引发了欧美国家的焦虑情绪。中国企业亟需加快对接国际经贸规则标准的步伐，改善合规和诚信经营的短板。2018 年底，中国国家发展和改革委员会、外交部、商务部等七个部委联合发布《企业境外经营合规管理指引》，加大对企业境外合规经营的引导和规范力度，进一步体现国家对企业合规建设、提升国际竞争力和可持续发展的迫切要求。因此，中国企业对外投资的前提必须是遵循国际经济贸易惯例、遵守东道国政策法规和市场行业规则、尊重当地社会文化和价值观，切忌将本土管理模式和行为习惯盲目照搬到海外市场。在此基础上，企业还应主动与东道国安全审查等相关部门沟通和申报交易信息，并根据目标国国情因地制宜地实施嵌入活动，逐步摆脱外来者劣势，达到防范和化解审查风险的目的。

三是重点提升创新研发能力，培育自主知识产权，并积极稳固和开拓国内市场。尽管中国已在研发投入领域成为仅次于美国的国家，但不可否认的是，中国在某些关键元件和核心技术方面仍需依赖进口。2018年中国知识产权进口额高达 358 亿美元，同比增长 24.74%，同期专利出口额则为 56 亿美元，相当于进口量的 15.6%。[①] 然而，受中西方经济技术竞争加剧的趋势影响，双方技术合作的蜜月期即将过去，欧美国家对中国转让技术和开放市场的意愿可能随之降低。[②] 尽管如此，中国致力于成为世界科技强国的目标却不会因此改变。这就要求作为科技创新主体的企业在技术进口受限的压力下加快自主创新的步伐，掌控关键

---

① 杨挺，陈兆源，韩向童. 2019 年中国对外直接投资特征、趋势与展望［J］. 国际经济合作，2020（1）：19.

② 黄琪轩. 大国战略竞争与美国对华技术政策变迁［J］. 外交评论，2020（2）：117 - 120.

技术产品和产业链核心环节的主导权，从而降低对外依赖度，防止欧美国家通过"断供"等方式阻挠中国经济发展。此外，当跨国公司海外业务遭遇非市场性因素干扰时，庞大的国内消费市场能够为其扩大生产、自主创新和可持续发展提供充足的回报和动力，有效缓解国际市场萎缩带来的压力。中国拥有可观的国内市场容量和居民购买力，这不仅可以支持本土企业从事前期投资多、风险高的自主创新活动，还能够激励和吸引更多的外国技术合作伙伴。即使未来欧美国家持续对中国技术进出口实施限制或进一步对中国企业施压，中国广阔的国内市场也可在一定程度上替代海外市场缺位，从而保障企业在严峻的外部压力下仍然能够实现技术进步和产业升级。

参 考 文 献

［1］奥利弗·E. 威廉姆森. 资本主义经济制度：论企业签约与市场签约［M］. 段毅才，王伟，译. 北京：商务印书馆，2010.

［2］彼得·卡赞斯坦，罗伯特·基欧汉，斯蒂芬·克拉斯纳. 世界政治理论的探索与争鸣［M］. 秦亚青，苏长和，门洪华，魏玲，译. 上海：上海人民出版社，2006.

［3］布鲁斯·拉西特，哈维·斯塔尔. 世界政治［M］. 王玉珍，译. 北京：华夏出版社2001.

［4］查尔斯·金德尔伯格. 1929～1939 年世界经济萧条［M］. 宋承先，洪文达，译. 上海：上海译文出版社，1986.

［5］陈小梅，吴小节，汪秀琼，蓝海林. 中国企业逆向跨国并购整合过程的质性元分析研究［J］. 管理世界，2021（11）：159 – 183.

［6］戴维·赫尔德，安东尼·麦克格鲁. 全球化与反全球化［M］. 陈志刚，译. 北京：社会科学文献出版社，2004.

［7］丁纯，陈腾瀚. 中美欧制造业竞争：现状、政策应对与前景［J］. 欧洲研究，2021（5）：6 – 35.

［8］高程. 中美竞争与"一带一路"阶段属性和目标［J］. 世界经济与政治，2019（4）：58 – 78.

［9］郭艳琴. 美国国家安全战略报告与对华政策：文本解读与分析［J］. 当代美国评论，2018（2）：33 – 51.

［10］黄河，华琼飞. 美国投资保护主义——以中国对美投资为例［J］. 复旦国际关系评论，2014（2）：167 – 187.

［11］肯尼思·华尔兹. 国际政治理论［M］. 信强，译. 上海：上

海人民出版社，2003.

［12］寇蔻．产业政策能否提高企业绩效？——基于德国高科技战略的实证分析［J］.欧洲研究，2019（4）：111－129.

［13］邝艳湘．经济相互依赖、退出成本与国家间冲突升级［J］.世界经济与政治，2010（4）：123－138.

［14］兰德尔·施韦勒．没有应答的威胁：均势的政治制约［M］.刘丰，陈永，译．北京：北京大学出版社，2015.

［15］雷少华．超越地缘政治——产业政策与大国竞争［J］.世界经济与政治，2019（5）：131－154.

［16］刘丰．类型化方法与国际关系研究设计［J］.世界经济与政治，2017（8）：44－63.

［17］刘丰．中美战略竞争的限度与管理［J］.现代国际关系，2019（10）：21－27.

［18］鲁德拉·希尔，彼得·卡赞斯坦．超越范式——世界政治研究中的分析折中主义［M］.秦亚青，季玲，译．上海：上海人民出版社，2013.

［19］罗伯特·基欧汉，海伦·米尔纳．国际化与国内政治［M］.姜鹏，董素华，译．北京：北京大学出版社，2003.

［20］罗伯特·基欧汉，约瑟夫·奈．权力与相互依赖［M］.门洪华，译．北京：北京大学出版社，2012.

［21］罗伯特·基欧汉．霸权之后：世界政治经济中的合作与纷争［M］.苏长和等，译．上海：上海人民出版社，2001.

［22］罗伯特·吉尔平．国际关系政治经济学［M］.杨宇光，译．上海：上海人民出版社，2006.

［23］罗伯特·吉尔平．跨国公司与美国霸权［M］.钟飞腾，译．北京：东方出版社，2011.

［24］罗伯特·吉尔平．全球政治经济学：解读国际经济秩序［M］.杨宇光，杨炯，译．上海：上海人民出版社，2006.

［25］罗伯特·吉尔平．全球资本主义的挑战：21世纪的世界经济

[M]. 杨宇光, 杨炯, 译. 上海: 上海人民出版社, 2001.

[26] 迈克尔·希斯考克斯. 国际贸易与政治冲突: 贸易、联盟与要素流动程度 [M]. 于扬杰, 译. 北京: 中国人民大学出版社, 2005.

[27] 潘亚玲. 冷战后美国对华战略转变的根本逻辑与手段——兼论奥巴马政府的对华政策 [J]. 当代亚太, 2010 (3): 6-21.

[28] 潘亚玲. 美国对华政策中的经济民族主义 [J]. 美国问题研究, 2011 (1): 101-104.

[29] 潘圆圆, 张明. 中国对美投资快速增长背景下的美国外国投资委员会改革 [J]. 国际经济评论, 2018 (5): 32-48.

[30] 荣大聂, 提洛·赫恩曼, 潘圆圆. 中国对发达经济体的直接投资: 欧洲和美国的案例 [J]. 国际经济评论, 2013 (1): 94-108.

[31] 阮建平. 经济与安全"再平衡"下的美国对华政策调整 [J]. 东北亚论坛, 2011 (1): 60-67.

[32] 斯蒂芬·克拉斯纳. 结构冲突: 第三世界对抗全球自由主义 [M]. 李小华, 译. 杭州: 浙江人民出版社, 2001.

[33] 斯科特·普劳斯. 决策与判断 [M]. 施俊琦, 王星, 译. 北京: 人民邮电出版社, 2004.

[34] 苏珊·斯特兰奇. 国际政治经济学导论: 国家与市场 [M]. 杨宇光, 等译. 北京: 经济科学出版社, 1992.

[35] 苏珊·斯特兰奇. 权力流散: 世界经济中的国家与非国家权威 [M]. 肖宏宇, 耿协峰, 译. 北京: 北京大学出版社, 2005.

[36] 特奥托尼奥·多斯桑托斯. 帝国主义与依附 [M]. 杨衍永等, 译. 北京: 社会科学文献出版社, 2017.

[37] 王碧珺, 肖河. 哪些中国对外直接投资更容易遭受政治阻力 [J]. 世界经济与政治, 2017 (4): 106-128.

[38] 王正毅. 构建一个国际政治经济学的知识框架——基于四种"关联性"的分析 [J]. 世界经济与政治, 2009 (2): 6-12.

[39] 吴其胜. 特朗普政府的国际投资政策调整及其影响 [J]. 国际展望, 2018 (6): 36-37.

［40］西达·斯考切波.国家与社会革命：对法国、俄国和中国的比较分析［M］.何俊志，王学东，译.上海：上海人民出版社，2007.

［41］邢悦，苏勃瑞.美国外资投资并购审查制度的演变及背后的逻辑［J］.世界政治研究，2022（1）：43－73.

［42］亚历山大·温特.国际政治的社会理论［M］.秦亚青，译.上海：上海人民出版社，2000.

［43］杨娜.中国和欧盟在非洲的竞争与合作："安全－发展关联"视角［J］.国际经济评论，2020（6）：139－158.

［44］姚燕.看2016年以来德国对中国企业在德投资新趋势的反应［J］.德国研究，2018（1）：45－60.

［45］余劲松.国际投资条约仲裁中投资者与东道国权益保护平衡问题研究［J］.中国法学，2011（2）：132－143.

［46］余南平，戢仕铭.西方"技术联盟"组建的战略背景、目标与困境［J］.现代国际关系，2021（1）：47－54.

［47］詹姆斯·多尔蒂，小罗伯特·普法尔茨格拉夫.争论中的国际关系理论［M］.阎学通，陈寒溪，译.北京：世界知识出版社，2003.

［48］张建红，卫新江，海柯·艾泊斯.决定中国企业海外收购成败的因素分析［J］.管理世界，2010（3）：101－102.

［49］赵德森.中国对东盟投资项目风险生成及防控机制——基于东道国利益相关者的分析［J］.经济问题探索，2016（7）：159－164.

［50］赵家章，丁国宁.美国对华高技术企业投资并购的安全审查与中国策略选择［J］.亚太经济，2020（1）：74－76.

［51］赵农，刘小鲁.进入与退出的壁垒：理论及其应用［M］.北京：中国市场出版社，2007.

［52］钟伟强，张天西，张燕妮.自愿披露与公司治理——一项基于中国上市公司数据的实证分析［J］.管理科学，2006（3）：81－89.

［53］Agata Antkiewicz and John Whalley. Recent Chinese Buyout Activity and the Implications for Wider Global Investment Rules［J］. Canadian

Public Policy, 2004, 33 (2): 207 - 226.

[54] Aino Halinen and Jan - Åke Törnroos. The Role of Embeddedness in the Evolution of Business Networks [J]. Scandinavian Journal of Management, 1998, 14 (3): 187 - 205.

[55] Anders Uhlin. Transnational Corporations as Global Political Actors: A Literature Review [J]. Cooperation and Conflict, 1988, 23 (4): 231 - 247.

[56] Andrew Kerner. What We Talk About When We Talk about Foreign Direct Investment [J]. International Studies Quarterly, 2014, 58 (4): 804 - 815.

[57] Ashley Thomas Lenihan. Balancing Power without Weapons: State Intervention into Cross - Border Mergers and Acquisitions [M]. Cambridge: Cambridge University Press, 2018.

[58] Bala Ramasamy, Matthew Yeung and Sylvie Laforet. China's Outward Foreign Direct Investment: Location Choice and Firm Ownership [J]. Journal of World Business, 2012, 47 (1): 17 - 25.

[59] Bernard I. Finel. Black Box or Pandora's Box: State Level Variables and Progressivity in Realist Research Programs [J]. Security Studies, 2001, 11 (2): 212 - 218.

[60] Charles E. Stevens and Joseph T. Cooper. A Behavioral Theory of the Governments' Ability to Make Credible Commitment to Firms: The Case of the East Asian Paradox [J]. Asia Pacific Journal of Management, 2010, 27 (4): 587 - 610.

[61] Charles E. Stevens, En Xie and Mike W. Peng. Toward A Legitimacy - Based View of Political Risk: The Case of Google and Yahoo in China [J]. Strategic Management Journal, 2016, 37 (5): 945 - 963.

[62] Charles R. Kennedy, Jr. Political Risk Management: A Portfolio Planning Model [J]. Business Horizons, 1988, 31 (6): 26 - 33.

[63] Darry S. L. Jarvis. Multinational Enterprises, International Rela-

tions and International Business: Reconstituting Intellectual Boundaries for the New Millennium [J]. Australian Journal of International Affairs, 2005, 59 (2): 206.

[64] David A. Lake. Why 'Isms' Are Evil: Theory, Epistemology, and Academic Sects as Impediments to Understanding and Progress [J]. International Studied Quarterly, 2011, 55 (2): 465 – 480.

[65] Dean Xu, Yigang Pan and Paul W. Beamish. The Effect of Regulative and Normative Distances on MNE Ownership and Expatriate Strategies [J]. Management International Review, 2004, 44 (3): 285 – 307.

[66] Douglass C. North. Institutions, Institutional Change and Economic Performance [M]. Cambridge: Cambridge University Press, 1990.

[67] Dustin Tingley, Christopher Xu, Adam Chilton and Helen V. Milner. The Political Economy of Inward FDI: Opposition to Chinese Mergers and Acquisitions [J]. The Chinese Journal of International Politics, 2015, 8 (1): 27 – 57.

[68] Freek Vermeulen and Harry Barkema. Learning through Acquisitions [J]. The Academy of Management Journal, 2001, 44 (3): 457 – 476.

[69] G. John Ikenberry, David A. Lake, and Michael Mastanduno (eds.). The State and American Foreign Economic Policy [C]. Ithaca: Cornell University Press, 1988.

[70] Helen V. Milner and David B. Yoffie. Between Free Trade and Protectionism: Strategic Trade Policy and a Theory of Corporate Trade Demands [J]. International Organization, 1989, 43 (2): 239 – 272.

[71] Helen V. Milner. Resisting Protectionism: Global Industries and the Politics of International Trade [M]. New Jersey: Princeton University Press, 1988.

[72] Hinrich Voss, Peter J. Buckley and Adam R. Cross. The Impact of Home Country Institutional Effects on the Internationalization Strategy of Chi-

nese Firms〔J〕. Multinational Business Review, 2010, 18 (3): 25 – 48.

〔73〕 Huaichuan Rui and George S. Yip. Foreign Acquisitions by Chinese Firms: A Strategic Intent Perspective〔J〕. Journal of World Business, 2008, 43 (2): 213 – 226.

〔74〕 James A. Caporaso. Dependence, Dependency, and Power in the Global System: A Structure and Behavioral Analysis〔J〕. International Organization, 1979, 32 (1): 13 – 43.

〔75〕 James D. Morrow. How Could Trade Affect Conflict?〔J〕. Journal of Peace Research, 1999, 36 (4): 481 – 489.

〔76〕 Jeffrey D. Simon. A Theoretical Perspective on Political Risk〔J〕. Journal of International of Business Studies, 1984, 15 (3): 123 – 143.

〔77〕 Jeffrey D. Simon. Political Risk Assessment: Past Trends and Future Prospects〔J〕. Columbia Journal of World Business, 1982, 17 (3): 62 – 71.

〔78〕 Jingli Jiang and Gen Li. CFIUS: For National Security Investigation or for Political Scrutiny〔J〕. Texas Journal of Oil, Gas and Energy Law, 2013, 9 (1): 67 – 100.

〔79〕 Jonathan C. Stagg. Scrutinizing Foreign Investment: How Much Congressional Involvement is Too Much?〔J〕. Iowa Law Review, 2007, 93 (2): 325 – 327.

〔80〕 Kam – Ming Wan and Ka-fu Wong. Economic Impact of Political Barriers to Cross – Border Acquisitions: An Empirical Study of CNOOC's Unsuccessful Takeover of Unocal〔J〕. Journal of Corporate Finance, 2009, 14 (4): 447 – 468.

〔81〕 Kent D. Miller. A Framework for Integrated Risk Management in International Business〔J〕. Journal of International Business Studies, 1992, 23 (2): 311 – 331.

〔82〕 Kurt Campbell and Ely Ratner. The China Reckoning: How Beijing Defied American Expectations〔J〕. Foreign Affairs, 2018, 97 (2):

60 – 70.

[83] Laura Caniglia. Western Ostracism and China's Presence in Africa [J]. China Information, 2011, 25 (2): 165 – 184.

[84] Lorraine Eden. Bringing the Firm Back in: Multinationals in International Political Economy [J]. Millennium – Journal of International Studies, 1991, 20 (2): 197 – 224.

[85] Mark Andreas Kayser. How Domestic Is Domestic Politics? Globalization and Election [J]. Annual Review of Political Science, 2007, 10 (1): 341 – 362.

[86] Mark Fitzpatrick. The Definition and Assessment of Political Risk in International Business: A Review of Literature [J]. The Academy of Management Review, 1983, 8 (2): 249 – 254.

[87] Paul Connell and Tian Huang. An Empirical Analysis of CFIUS: Examining Foreign Investment Regulation in the United States [J]. Yale Journal of International Law, 2013, 39 (1): 131 – 163.

[88] Peter Gourevitch. Politics in Hard Times: Comparative Responses to International Economic Crises [M]. Ithaca and London: Cornell University Press, 1986.

[89] Peter J. Katzenstein. Domestic and International Forces and Strategies of Foreign Economic Policy [J]. International Organization, 1977, 31 (3): 587 – 606.

[90] Peter Knorringa and Khalid Nadvi. Rising Power Clusters and the Challenges of Local and Global Standards [J]. Journal of Business Ethics, 2016, 133 (1): 55 – 72.

[91] Ping Deng. Investing for Strategic Resource and Its Rationale: The Case of Outward FDI from Chinese Companies [J]. Business Horizon, 2007, 50 (1): 71 – 81.

[92] Quan Li and Tatiana Vashchiko. Dyadic Military Conflict, Security Alliances, and Bilateral FDI Flows [J]. Journal of International Business

Studies, 2010, 41 (5): 765 – 782.

[93] Raymond Cohen. Threat Perception in International Crisis [M]. Madison: University of Wisconsin Press, 1979.

[94] Raymond Vernon. Sovereignty at Bay: The Multinational Spread of U. S. Enterprises [M]. New York: Basic Books, 1971.

[95] Robert Axelrod and Robert O. Keohane. Achieving Cooperation under Anarchy Strategies and Institutions [J]. World Politics, 1985, 38 (1): 226 – 254.

[96] Robert Lensink, Niels Hermes and Victor Murinde. Capital Flight and Political Risk [J]. Journal of International Money and Finance, 2000, 19 (1): 73 – 92.

[97] Stephen D. Krasner. Defending the National Interest: Raw Materials Investments and U. S. Foreign Policy [M]. New Jersey: Princeton University Press, 1978.

[98] Stephen J. Kobrin. When Does Political Instability Result in Increased Investment Risk [J]. Columbia Journal of World Business, 1978, 13 (2): 113 – 122.

[99] Stephen Kirchner. Foreign Direct Investment in Australia Following the Australia – US Free Trade Agreement [J]. The Australian Economic Review, 2012, 45 (4): 410 – 421.

[100] Susan Strange. Cave! Hic Dragons: A Critique of Regime Analysis [J]. International Organization, 1982, 36 (2): 479 – 496.

[101] Theodore H. Moran. Multinational Corporations and Dependency: A Dialogue for Dependentistas and Non – Dependentistas [J]. International Organization, 1978, 32 (1): 79 – 100.

[102] Thomas N. Gladwin and Ingo Walter. How Multinationals can Manage Social and Political Forces [J]. Journal of Business Strategy, 1980, 1 (1): 54 – 68.

[103] Thomas Oatley. The Reductionist Gamble: Open Economy Poli-

tics in the Global Economy [J]. International Organization, 2011, 65 (2): 311 – 341.

[104] Xingxing Li. National Security Review in Foreign Investments: A Comparative and Critical Assessment on China and U. S. Law and Practices [J]. Berkeley Business Law Journal, 2015, 13 (1): 260 – 262.

[105] Yadong Luo and Rosalie L. Tung. International Expansion of Emerging Market Enterprises: A Springboard Perspective [J]. Journal of International Business Studies, 2007, 38 (4): 481 – 498.

[106] Yael V. Hochberg, Alexander Ljungqvist, and Yang Lu. Networking as a Barrier to Entry and the Competitive Supply of Venture Capital [J]. The Journal of Finance, 2010, 65 (3): 829 – 859.

[107] Yasuhiro Yamakawa, Mike W. Peng, and David L. Deeds. What Drives New Ventures to Internationalize from Emerging to Developed Economies [J]. Entrepreneurship: Theory & Practice, 2008, 32 (1): 59 – 82.